मैं एक बलुआ प्रस्तर खंड

मैं एक बलुआ प्रस्तर खंड

(परम विदुषी घोषा से इंदिरा गाँधी तक का स्त्री-विमर्श)

उषाकिरण खान

राजपाल

आवरण व अन्दर के चित्र

मीनाक्षी झा बैनर्जी

₹ 250

ISBN : 9789389373592

पहला संस्करण : 2021

MAIN EK BALUA PRASTAR KHAND (Women biographies)

by Ushakiran Khan

मुद्रक : जी.एस. ऑफसेट, दिल्ली

राजपाल एण्ड सन्ज़

1590, मदरसा रोड, कश्मीरी गेट, दिल्ली-110006

फ़ोन : 011-23869812, 23865483, 23867791

e-mail : sales@rajpalpublishing.com

www.rajpalpublishing.com

www.facebook.com/rajpalandsons

समर्पण

ठोस धरती पर खड़ी
आज की स्त्री को
सस्नेह

भूमिका

मेरे मन में सदा उथल-पुथल रही कि स्त्री की स्थिति और उसके उत्थान-पतन की चर्चा की जाय तो कैसे? आम धारणा और क्रमिक विकास की ऐतिहासिक दृष्टि से देखते हुए मैंने लिखना शुरू किया। रससिद्ध और मनोरंजक बनाने का आलंबन दीदारगंज की चंवरवाहिनी यक्षी बनी। उसका अनुपम निर्माण आज भी साहित्य रचने को हमें उद्वेलित करता है। आधार बनाकर चिंतन-मनन किया जाता है। सो मैंने लिखना शुरू किया। सभ्य होते जन जब लिख-पढ़ रहे थे तब उन्होंने वर्णाश्रम को धर्म अर्थात् नीति की परिभाषा देकर स्थापित किया। वह एक अप्रतिहत सामाजिक व्यवस्था थी। सभ्यता के विकास का ज़रूरी अंग था। आश्रम की अवधारणा के साथ ही स्त्री-पुरुष के विवाह की संस्था बनी। वहाँ दोनों का बराबर आदर और सम्मान का दर्जा रखा गया।

मनुजास्तत्र जायन्ते यतो नानृहधर्मिण:
यस्यकर्तुर नियोगेन संसारो येन वर्धित:

हिन्दू समाज में विवाह मात्र शारीरिक संबंध के लिए नहीं किया जाता है वरन् इसमें धर्म को समावेशित किया गया है। अत: स्त्री धर्मपत्नी कही जाती है। सहधर्मिणी शब्द भी अलग अर्थवत्ता प्रदान करता है। वैदिक सभ्यता के धर्म को यज्ञ के रूप में स्थापित माना जाता है जिसके लिए सपत्नीक बैठना आवश्यक था। गृहस्थ जीवन का यह मूल था, उसके साथ ही गृहस्थी के सारे कार्य पत्नी के साथ ही पूर्ण होते। विवाह से उत्पन्न सन्तान का अत्यधिक महत्त्व था। पुत्र और पुत्री आनुवंशिक रूप से वारिस थे। अनेक प्रकार की

परिस्थितियों के अनुसार स्त्री तथा उससे उत्पन्न संतान-अधिकारों को ध्यान में रखते हुए विवाह के आठ प्रकार बनाये गये। राक्षस विवाह तथा पैशाच विवाह वैसे ही हैं। उस समय आदियुगीन परंपरानुसार अपहरण तथा बल से स्त्री को हासिल किया जाता था। सभ्य समाज ने विवाह की मान्यता दे दी।

स्त्री और पुरुष पूर्ववैदिक काल में परस्पर बराबरी का दर्जा रखते थे। विवाह स्त्री अपनी इच्छा से भी कर सकती थी। अनुलोम तथा प्रतिलोम विवाह चलता था। उत्तरवैदिक काल क्या कहें, स्मृति काल तक व्यवस्था बनी रही। समाज की एक अपनी राजनीति होती है क्षुद्र लिप्सा की राजनीति। स्त्री की स्थिति प्रायः उसी लिप्सा के कारण घटी। धन-यश तथा काम-लिप्सा। जो चार पुरुषार्थ हैं, उसमें अर्थ धर्म काम ने समाज को सदा विचलित किया है। स्त्री माँ बनने, गृह-कार्य देखने तथा कोमल भावुक तथा संवेदनशील होने के कारण दोयम दर्जे पर पहुँच गई। उनकी सम्पत्ति के अधिकार का बलपूर्वक हनन हुआ। उनके विवाह-विच्छेद एवं पुनर्विवाह की मान्यता को समाज ने समाप्त किया। ऐसा किसी धर्मशास्त्र ने नहीं कहा है।

इसी प्रकार स्त्री की पवित्रता के संबंध में शास्त्रकारों का मत है कि ऋतुमती होते ही वह पुनः पवित्र हो जाती है—व्यास ने कहा है

व्यभिचारेण दुष्टानामं पतिनां दर्शनादृते
धिकृत्याम वाच्यामन्यत्र वासयेत पतिः
पुनस्तामार्त्रवस्नायां पूर्ववद् व्यवहारयेत्।

व्यास कहते हैं कि स्त्री किसी के साथ सम्भोग करे तो अगली बार रजस्वला होने तक ही अपवित्र है। उसके बाद वह अपने पुरुष के लिए स्वीकार्य है। गौतम का स्वयं का जीवन उदाहरण है। अहल्या को त्याग देने के बाद उन्होंने पुनः सहजीवन जीया सन्तान, उत्पन्न की।

स्त्री का स्वतन्त्र अस्तित्व : सामाजिक मान

आर्यों के प्रारंभिक समाज में स्त्रियाँ स्वच्छंद थीं। वे बिना किसी प्रतिबंध के सामाजिक गतिविधियों में सम्मिलित होती थीं। वस्तुतः वैदिक

युग में स्त्री जितनी स्वतंत्र और मुक्त थी, उतनी परवर्ती काल के किसी भी युग में नहीं थी। सभी दृष्टियों से वह पुरुष के समान थी। उसके अधिकार किसी भी प्रकार पुरुषों से कम नहीं थे। शिक्षा, ज्ञान, यज्ञ आदि विभिन्न क्षेत्रों में वह निर्विरोध, स्वच्छन्दतापूर्वक सम्मिलित होती तथा सम्मानपूर्वक आदर प्राप्त करती थी। उस युग में ऐसी अनेक विदुषी स्त्रियाँ थीं, जिन्होंने *ऋग्वेद* और अन्य वेदों की अनेक ऋचाओं का प्रणयन किया था। लोपामुद्रा, विश्ववारा, सिक्ता, घोषा आदि ऐसी ही पंडिता स्त्रियाँ थीं। शिक्षा, ज्ञान और विद्वता के क्षेत्र में ही नहीं बल्कि याज्ञिक कार्यों में भी वे अग्रणी थीं। ब्रह्मणी थीं। 'ब्रह्मयज्ञ' में जिन ऋषियों की गणना की जाती है उनमें सुलभा, गार्गी, मैत्रेयी, आदि विदुषियों के भी नाम लिये जाते हैं, जिनकी प्रतिष्ठा वैदिक ऋषियों के समान थी। विदेह शासक जनक ने यज्ञ के अवसर पर जो धार्मिक शास्त्रार्थ आयोजित किया था, उसमें गार्गी ने अपनी अद्‍भुत प्रतिभा, विलक्षण तर्कशक्ति, विचक्षण मेधा और सूक्ष्म विचार-तंतुओं से दुरूह प्रश्नों की व्याख्या करके याज्ञवल्क्य ऋषि के दाँत खट्टे कर दिये। इन साक्ष्यों से यह विदित होता है कि उस युग में स्त्रियाँ बिना पर्दे के स्वतंत्रतापूर्वक पुरुषों के साथ विद्वद्‍गोष्ठियों और दार्शनिक वाद-विवादों में सम्मिलित होती थीं। उनके मान और सम्मान में किसी प्रकार की कमी नहीं थी। समाज में वे पुरुषों की तरह की आदृत थीं। सामाजिक और धार्मिक उत्सवों, समारोहों में वे अलंकृत होकर बिना किसी प्रतिबंध के उन्मुख होकर हिस्सा लेती थीं। पुरुषों के साथ वे यज्ञ में सम्मिलित होकर कार्यविधि संचालित करती थीं। बिना उनके सहयोग के यज्ञ पूरा नहीं माना जाता था। वे यज्ञ की अधिकारिणी थीं। अकेला पुरुष यज्ञ के लिए अयोग्य था। पुरुष के लिए उनका याज्ञिक और धार्मिक सहयोग कालान्तर में अनिवार्य हो गया। सीता के न होने पर राम को अश्वमेध यज्ञ करते समय अपनी पत्नी सीता की स्वर्ण-प्रतिमा बनानी पड़ी थी। अतः यज्ञ और धार्मिक कार्यों में पत्नी का होना आवश्यक था। अन्यान्य याज्ञिक क्रियाओं में वह पति का सहयोग करती थी।

उत्तरवैदिक काल में परवर्ती युग से ही नारी की दशा अवनति की ओर अग्रसर होने लगी। उसके सामाजिक और धार्मिक अधिकार तो आवश्यक

बने रहे किन्तु उसके वैयक्तिक गुणों के प्रति संदेह व्यक्त किया गया। उसके लिए निन्दनीय शब्दों का प्रयोग होने लगा। उसे असत्यभाषी कहा गया। उसके लिए भविष्यवाणी की गई कि अगर वह पति द्वारा धन देकर क्रय की जाती है तो वह पर-पुरुष के साथ घूमती है। लगता है, इस तरह का विवाह यदा-कदा हुआ करता था, जो समाज में इस युग में निन्दनीय माना गया। उसे पुरुषों के साथ यज्ञ में सोम का भाग लेने से वंचित कर उसकी स्वतंत्रता पर अंकुश लगाया गया। इस प्रकार उस पर सामाजिक और धार्मिक अनेक प्रकार के नियंत्रण और स्वच्छन्दता में कोई विशेष प्रतिबंध नहीं लगा था। सामाजिक उत्सवों और धार्मिक पर्वों पर स्त्रियाँ उन्मुक्त होकर सम्मिलित हुआ करती थीं। *रामायण* में सीता का विचरण तथा *महाभारत* में द्रौपदी का भ्रमण उनकी उन्मुक्तता और स्वच्छन्दता व्यक्त करता है। सामाजिक और धार्मिक गतिविधियों में उनका महत्त्वपूर्ण योगदान था। उनके प्रति समाज की उदात्त भावना थी। *महाभारत* में भीष्म पितामह का कथन है कि स्त्री को सर्वदा पूज्य मानकर उससे स्नेह का व्यवहार करना चाहिए। जहाँ स्त्रियों का आदर होता है, वहाँ देवताओं का निवास होता है और उसकी अनुपस्थिति में सभी पूर्ण कार्य अपवित्र हो जाते हैं। *रामायण* में भी सीता के लिए आदर और सम्मान की बातें कही गई हैं। स्त्रियों के विषय में युधिष्ठिर की जिज्ञासा का समाधान करते हुए भीष्म का यह मत है कि स्त्रियाँ स्वभावतः अपनी लिप्सा को दबा नहीं पातीं, इसलिए उन पर किसी पुरुष का नियंत्रण होना अनिवार्य है। स्त्रियों के दो प्रकार हैं, साध्वी और असाध्वी। साध्वी स्त्रियाँ पृथ्वी की माता और उसकी संरक्षिका हैं तथा असाध्वी स्त्रियाँ अपनी पापी गतिविधियों से विख्यात। धर्मसूत्रों और स्मृतियों के युग में स्त्री की दशा पूर्णतः पतनोन्मुख हो गई। स्त्री के साथ भोजन करनेवाले पुरुष को गर्हित आचरण करनेवाला व्यक्ति घोषित किया गया तथा उस स्त्री की प्रशंसा की गई जो 'अप्रतिवादिनी' (प्रतिवाद न करनेवाली) थी। उसका स्वतंत्र अस्तित्व समाप्त हो गया तथा उसके शरीर पर उसके पति का स्वत्व माना गया। पितृसत्तात्मक समाज होने के कारण उसकी स्थिति निरन्तर ह्रासोन्मुख होती गई। उसकी स्वतंत्रता और उन्मुक्तता पर अनेक प्रकार के अंकुश लगाये जाने लगे। मनु

जैसे स्मृतिकारों ने उसे कभी भी स्वतंत्र न रहने के लिए निर्देशित किया तथा यह विचार प्रकट किया कि स्त्री कभी भी स्वतंत्र रहने योग्य नहीं। जब तक वह कन्या रहे उस पर पिता का संरक्षण रहे, जब विवाह हो जाय तब उस पर भर्त्ता (पति) का संरक्षण रहे और जब वह स्थविर (वृद्धावस्था) हो तब उस पर पुत्र का संरक्षण रहे। पूर्वमध्य युग तक आकर उसके सारे अधिकार सीमित कर दिये गये और वह बंधन में करा दी गयी। उसकी स्वच्छन्दता पर नियंत्रण लाद दिये गये। विज्ञानेश्वर ने शंख का उद्धरण देकर टिप्पणी की है कि वह घर से बिना किसी से कहे और बिना चादर ओढ़े बाहर न जाय, शीघ्रतापूर्वक न चले, बनिये, संन्यासी, वृद्ध वैद्य के अतिरिक्त किसी परपुरुष से बात न करे, अपनी नाभि खुली न रखे, एड़ी तक वस्त्र पहने, अपने स्तनों पर से कपड़ा न हटाये, मुँह ढँके बिना न हँसे, पति या सम्बंधियों से घृणा न करे। वह धूर्त, वेश्या, अभिसारि"ी, संन्यासिनी, भाग्य बतानेवाली जादू-टोना या गुप्त विधियाँ करनेवाली दुःशील स्त्रियों के साथ न रहे। इनकी संगति से कुलगत स्त्रियों का चरित्र भ्रष्ट होता है। इस प्रकार अनेक नियन्त्रण उस पर लगाये गये तथा सामाजिक, धार्मिक और आर्थिक दृष्टियों से उसे प्रतिबंधित कर दिया गया। दासी के रूप में उसे सभी गार्हस्थ्य कार्य करने के निर्देश दिये गये। अलबरूनी भी लिखता है कि कन्या की अपेक्षा पुत्र का अधिक ध्यान रखा जाता है।

स्त्री-शिक्षा

वैदिक युग में स्त्री की शिक्षा अपनी उच्चतम सीमा पर थी। वह पुरुषों के समकक्ष, बिना भेदभाव के शिक्षा प्राप्त करती थी। वह बुद्धि और ज्ञान के क्षेत्र में अग्रणी थी। इस युग में पुत्र की तरह पुत्री का भी विद्यारम्भ से पूर्व उपनयन संस्कार सम्पन्न किया जाता था तथा वह भी ब्रह्मचर्य का पालन करती हुई विभिन्न विषयों की शिक्षा ग्रहण करती थी। उसे यज्ञ-सम्पादन और वेदाध्ययन करने का पूर्ण अधिकार था। दर्शन और तर्कशास्त्र में भी स्त्रियाँ निपुण थीं। सभी सभा-गोष्ठियों में वे *ऋग्वेद* की ऋचाओं का गान किया करती थीं। *ऋग्वेद* में उल्लिखित है कि कतिपय विदुषी स्त्रियों ने *ऋग्वेद* की

अनेक ऋचाओं के प्रणयन में योगदान प्रदान किया था। उस युग में बौद्धिक योगदान करने वाली ऐसी बीस कवयित्रियाँ थी। रोमाशा, अपाला, उर्वशी, विश्ववारा, निबावरी, घोषा, लोपामुद्रा आदि पंडिता स्त्रियाँ इनमें अधिक प्रसिद्ध हैं। ये पति के साथ समान रूप से यज्ञ में सहयोग करती थीं। सूत्र-काल तक भी स्त्रियाँ यज्ञ सम्पादित किया करती थीं। राम के युवराज पद पर अभिषेक के समय तक कौशल्या ने यज्ञ किया था। उत्तरवैदिक युग में स्त्री ब्रह्मचर्य में रहकर शिक्षा ग्रहण करती थी। वैदिक गान के अतिरिक्त वह ललित कलाओं में भी पारंगत होती थी। *महाभारत* से ज्ञात होता है कि पांडवों की माँ कुन्ती *अथर्ववेद* में पारंगत थी। इससे स्पष्ट है कि उस युग की स्त्रियाँ मंत्रविद् और पंडिता होती थीं तथा ब्रह्मचर्य का अनुगमन करती हुई उपनयन संस्कार भी कराती थीं। कन्या के लिए उपनयन का विधान मनु ने भी किया। वैदिक युग में छात्राओं के दो वर्ग थे, एक सद्योवधू और दूसरी ब्रह्मवादिनी। सद्योवधू वे छात्राएँ थीं जो विवाह के पूर्व तक कुछ वेद-मंत्रों और याज्ञिक प्रार्थनाओं का ज्ञान प्राप्त कर लेती थीं तथा ब्रह्मवादिनी वे थीं जो अपनी शिक्षा पूर्ण करने में अपना जीवन लगा देती थीं। इस प्रकार कुछ स्त्रियाँ जीवनपर्यन्त अध्ययन में लीन रहती थीं और विवाह नहीं करती थीं। ऋषि कुशध्वज की कन्या वेदवती ऐसी ही ब्रह्मवादिनी स्त्री थी। ऐसी स्त्रियाँ बहुमुखी प्रतिभा-सम्पन्न होती थीं जो ज्ञान और बुद्धि में पारंगत ही नहीं बल्कि अनेक मंत्रों की उद्‌गात्री होती थीं। वे दर्शन, तर्क, मीमांसा, साहित्य आदि विभिन्न विषयों की पंडिता होती थीं। काशकत्स्नी नामक स्त्री ने मीमांसा जैसे क्लिष्ट और गूढ़ विषय पर बहुचर्चित पुस्तक का प्रणयन किया था, जो बाद में उसी के नाम पर विख्यात हुई। इस वर्ग के अध्येता 'आशकृत्स्नी' ही कहे गये। अध्ययन-मनन के क्षेत्र में स्त्रियों की रुचि बराबर बढ़ती गई। वे दर्शन जैसे गूढ़ और गंभीर विषय में भी पारंगत होने लगीं। याज्ञवल्क्य की पत्नी मैत्रेयी विख्यात दार्शनिक थी जिसकी रुचि सांसारिक वस्तुओं और अलंकारों में न होकर दर्शनशास्त्र में थी। यही नहीं उसने अपने पति की सम्पत्ति में अपने अधिकार को, अपने पति याज्ञवल्क्य की दूसरी पत्नी के हित में त्यागकर केवल ज्ञान प्राप्त करने की याचना की थी। जनक की राजसभा

में होने वाली विद्वद्‌गोष्ठी में गार्गी ने अपनी अद्‌भुत तर्कशक्ति से याज्ञवल्क्य जैसे महर्षि को चौंका दिया तथा अपनी पृच्छाओं से उन्हें ही नहीं, बल्कि पूरे विद्वत्समाज को स्तब्ध कर दिया। वाल्मीकि और अगस्त्य जैसे ब्रह्मर्षियों से वेदान्त की शिक्षा ग्रहण करके मैत्रेयी ने ख्याति प्राप्त की थी। कौशल्या और तारा दोनों मन्त्रविद् थीं तथा सीता नित्य वैदिक प्रार्थनाएँ किया करती थीं। *महाभारत* से विदित होता है कि द्रौपदी 'पंडिता' थी। *रामायण* में वर्णित है कि अत्रेयी ने वाल्मीकि आश्रम में रहकर ज्ञानार्जन किया था। उसके साथ आश्रम में लव, कुश भी शिक्षा ग्रहण करते थे। सहशिक्षा का ऐसा उदाहरण *महाभारत* में भी मिलता है जब अम्बा और शैखावत्य एक साथ शिक्षा ग्रहण करते थे। प्राथितेयी, बढ़वा जैसी विदुषी नारियों ने शिक्षा और ज्ञान के क्षेत्र में अभूतपूर्व सफलता प्राप्त की थी।

बौद्ध युग में स्त्रियाँ, प्राय: शिक्षित और विद्वान हुआ करती थी। विद्या, धर्म और दर्शन के प्रति उनकी अगाध रुचि होती थी। बौद्ध आगमों की शिक्षिकाओं के रूप में भी उन्होंने ख्याति प्राप्त की थी। *थेरीगाथा* की कवयित्रियों में 32 आजीवन ब्रह्मचारिणी और 18 विवाहिता भिक्षुणियाँ थीं। उनमें शुभा, सुमधा और अनोपमा उच्च वंश की कन्याएँ थीं, जिनसे विवाह करने के लिए राजकुमार और संपत्तिशाली सेठों के पुत्र उत्सुक थे। भिक्षुणी खेमा उस युग की उच्च शिक्षाप्राप्त स्त्री थी जिसकी विद्वता की ख्याति दूर-दूर तक फैली थी। *संयुक्तनिकाय* से ज्ञात होता है कि सुभद्रा नामक भिक्षुणी व्याख्यान देने में प्रसिद्ध थी। राजगृह के संपत्तिशाली सेठ की पुत्री भद्राकुण्डकेशा अपनी विद्या और ज्ञान से सबको आकृष्ट करती थी। ये उद्धरण इस बात के प्रमाण हैं कि उस युग में साधारणत: स्त्रियाँ ज्ञाप-पिपासु थीं तथा उसके अन्वेषण और प्राप्ति में तल्लीन रहती थीं। ब्रह्मचर्य का जीवनयापन करके वे अत्यन्त मनोनिवेशपूर्वक ज्ञानार्जन करती थीं। एक जातक से विदित होता है कि एक जैन पिता की चार पुत्रियों ने देश का भ्रमण करते हुए लोगों को दर्शनशास्त्र पर वाद-विवाद करने के लिए चुनौती दी थी। जैन साहित्य से भी विदुषी स्त्रियों के उदाहरण प्राप्त होते हैं। कौशाम्बी-शासक की पुत्री जयन्ता ज्ञान और दर्शन में पारंगत थी।

अनेक महिलाएँ शिक्षिका बनकर अध्यापिकाओं का जीवन व्यतीत करती थीं जो अपना शिक्षणकार्य उत्साह और लगन के साथ निष्ठापूर्वक सम्पन्न करती थीं। ऐसी स्त्रियाँ उपाध्याया कही जाती थीं। ये उपाध्याया छात्राओं को पढ़ाया करती थीं तथा उन्हें अन्यान्य विषयों का ज्ञान प्रदान करती थीं। इनकी अलग शिक्षा-शालाएँ हुआ करती थीं, जहाँ महिलाएँ जाकर शिक्षा ग्रहण करती थीं। ऐसी महिला शिक्षण-संस्थाओं का प्रबंध उपाध्यायाएँ ही करती रहीं। पाणिनि ने महिला-शिक्षण-शाला का उल्लेख किया है, यद्यपि उस युग में सहशिक्षण का भी प्रचलन था जो पूर्ववैदिक युग से चला आ रहा था। छात्र-छात्राएँ एक साथ शिक्षा प्राप्त करती थीं। वाल्मीकि आश्रम में आत्रेयी ने लव और कुश के साथ शिक्षा ग्रहण की थी। भुरिवासु और देवाराट् के साथ कामन्दकी ने गुरुकुल में अध्ययन किया था जहाँ विभिन्न दिशाओं में निवास करने वाले लोग आकर शिक्षा ग्रहण करते थे। पुराणों से विदित होता है कि नारी शिक्षा के दो रूप थे, एक आध्यात्मिक और दूसरा व्यावहारिक। आध्यात्मिक ज्ञान में बृहस्पति-भगिनी भुवना, अर्पणा, एकपर्णा, एकपाटला, मेना, धारिणी, संनति, शतरूपा आदि कन्याओं के नामों का उल्लेख हुआ है जो 'ब्रह्मवादिनी' थीं। इनके अतिरिक्त ऐसी कन्याओं का भी सन्दर्भ मिलता है, जिन्होंने अपनी तपश्चर्या से अभीष्ट की प्राप्ति की थी। उमा, पीवरी, धर्मव्रता जैसी कन्याओं ने अपनी तपस्या के बल पर मनोनुकूल वर पाया था। अत: आध्यात्मिक ज्ञान की अभिवृद्धि योग और तप पर भी निर्भर करती थी जिसमें स्त्री का ब्रह्मचर्य, सदाचरण, शील, सद्‌चरित्र और सद्‌व्यवहार सन्निहित था। यही नहीं, गृह में निवास करती हुई कन्याएँ गार्हस्थिक शिक्षा से भी अवगत हुआ करती थीं। पूर्ववैदिकगुगीन अपाना नामक कन्या अपने पिता के कृषि-कार्य में सहयोग प्रदान करती थी। उस युग की अधिकांश कन्याएँ गाय दुहना भी जानती थीं, इसलिए कन्याओं को 'दुहिता' भी कहा जाता था। वे सूत कातना, बुनना और वस्त्र सिलना भी जानती थीं। ललित कलाओं में भी वे निपुण होती थीं। वे कौशलपूर्वक नृत्य करती थीं तथा *ऋग्वेद* की ऋचाओं का गान भी करती थीं।

उत्तरवैदिककालीन व्यावहारिक शिक्षा में वे नृत्य, गान चित्रकला आदि

की भी शिक्षा ग्रहण करती थीं। *रामायण* और *महाभारत* में स्त्रियों के नृत्य, गान और संगीत के अनेक विवरण मिलते हैं। वस्तुतः नृत्य और गीत में स्त्रियों की सदा से रुचि रही है। त्रिपुर की स्त्रियाँ अपनी भाव-भंगिमाओं से लोगों को प्रफुल्ल रखती थीं तथा आकर्षण का वातावरण निर्मित करती थीं। प्रमदाओं की कमनीय भाव-भंगिमा और अप्सराओं की आकर्षक नृत्यकला, शोभा और सुन्दरता का केन्द्र-बिन्दु थी। चित्रकला का समुचित विकास तब तक हो चुका था। सुस्थ रेखांकन, रंगों का अपेक्षित प्रयोग तथा आकृति का अभिव्यक्तिकरण चित्रकला के प्रधान आधार थे। इस सम्बंध में अनेक पौराणिक सन्दर्भ मिलते हैं। बाणासुर के मंत्री कृष्माण्ड की कन्या की सखी चित्रलेखा ने चित्रपट पर अनेक देवों, गंधर्वों और मनुष्यों की आकृतियों का अंकन किया था, जिसमें अनिरुद्ध का भी चित्ताकर्षक चित्र था।

दूसरी सदी ई. पूर्व तक स्त्री का उपनयन व्यवहारतः बन्द हो चुका था। विवाह के अवसर पर ही उसका उपनयन संस्कार सम्पन्न कर दिया जाता था। इस सम्बन्ध में मनु का कथन है कि पति ही कन्या का आचार्य, विवाह ही उसका उपनयन संस्कार, पति की सेवा ही उसका आश्रम-निवास और गृहस्थी के कार्य ही दैनिक धार्मिक अनुष्ठान हैं। स्मृतिकारों ने व्यवस्था दी कि बालिकाओं के उपनयन में वैदिक मंत्र नहीं पढ़ना चाहिए। कालांतर में शूद्रों की ही तरह वेदों के पठन-पाठन और यज्ञों में सम्मिलित होने के अधिकार से भी वह वंचित कर दी गईं। वस्तुतः शिक्षण संस्थाओं और गुरुकुलों में जाकर ज्ञान प्राप्त करना कन्या के लिए अतीत की बात हो गई थी। वह केवल माता, पिता, भाई, बन्धु आदि से अपने घर पर ही शिक्षा प्राप्त कर सकती थी। परवर्ती भाष्यकार मेधातिथि, विश्वरूप और अपरार्क की भी यही व्यवस्था है। पूर्वमध्य युग तक आकर नारी-शिक्षा का प्रसार अवरुद्ध हो चुका था, किन्तु अभिजात वर्ग में सुसंस्कृत और सुबोध स्त्रियों की कमी नहीं थी। वे प्राकृत और संस्कृत में दक्ष होती थीं। काव्य, संगीत, नृत्य, वाद्य और चित्रकला में भी वे प्रवीण होती थीं। राज्यश्री के लिए बाण ने *हर्षचरित्* में लिखा है कि वह नृत्य-गीत आदि में विदग्ध सखियों के बीच सकल कलाओं का प्रतिदिन अधिकाधिक परिचय प्राप्त करती हुई शनैः शनैः बढ़

रही थी। *गाथा सप्तशती* से अनेक विदुषी स्त्रियों का पता चलता है। रेखा, रोहा, माधवी, अनुलक्ष्मी, पाहई, बद्धवही, शशिप्रभा जैसी कवयित्रियाँ अपनी प्रतिभा और कल्पना शक्ति के लिए विख्यात थीं। इस युग में अनेक ऐसी प्रज्ञा-सम्पन्न नारियाँ हुईं जिन्होंने अपनी उत्कृष्ट रचना शैली और काव्य-कला से साहित्यिक योगदान किया। कविवर राजशेखर की पत्नी अवन्तिसुन्दरी उत्कृष्ट कवयित्री और टीकाकार थी। मंडन मिश्र और शंकर के बीच हुए शास्त्रार्थ की निर्णायिका मंडन मिश्र की विदुषी पत्नी थी, जो तर्क, मीमांसा, वेदांत और साहित्य में पूर्ण पारंगत थीं।

ऐसी भी स्त्रियाँ हुईं जो शासन-व्यवस्था और राज्य के प्रबन्ध में दक्ष होती थीं तथा शासक अथवा अभिभावक के अभाव में स्वयं प्रशासन का संचालन करती थीं। यूनानी आक्रामक सिकन्दर के आक्रमण का प्रतिरोध पति की मृत्यु के पश्चात् मत्सग की महारानी ने किया था। दूसरी सदी ईस्वी पूर्व में आंध्र-सातवाहन-वंशीय राजमाता नयनिका ने अपने अल्पवयस्क पुत्र का संचरण करते हुए स्वयं प्रशासन का भार संभाला था। इसी प्रकार वाकाटक वंश की रानी और गुप्तवंशीय सम्राट् चन्द्रगुप्त द्वितीय विक्रमादित्य की पुत्री प्रभावती गुप्त (चौथी सदी) ने अपने पति की मृत्यु के पश्चात् पुत्र की अल्पवयस्कतावश स्वयं शासन किया था। कश्मीर की सुगंध और दिद्दा नामक नारियाँ अपने प्रशासन और राज-कार्य के लिए विख्यात थीं। अक्का देवी और भैला देवी जैसी गुजरात की चालुक्य वंशी रानियों ने अपने राज्य का प्रशासन निष्ठापूर्वक किया था। इन विवरणों से प्रकट है कि महिलाएँ समय पड़ने पर राज्य के संचालन में भी अग्रणी रहती थीं तथा अपनी अनुपम बुद्धिमत्ता और कुशलता से अपने राज्य का प्रशासन करती थीं।

पटना

—उषाकिरण खान

3 फरवरी 2020

1

शिल्पी का स्पर्श मेरे अंग-अंग में बस गया। शिल्पी वहाँ मेरे पार्श्व में गहरी निद्रा में सो गया था जिसे ऊषस्काल की अंशुमालाओं ने जगाया। दिनकर की कोमल किरणों ने पहले सिक्ता राशि पर अपनी प्रभा बिखेरी, उनमें घुले-मिले अभरक कणों को सुनहरा किया, मुझे एक आभा प्रदान की तब उसके गंगाजमुनी श्मश्रुओं के बेतरतीब केशों को सहलाया। आँखों के पपोटों तक जाते-जाते तीखे हो गये, फिर तो उठ बैठे शिल्पी ने चारों ओर दृष्टि निक्षेप किया, सब कुछ नया-नया सा लगा। बड़े-बड़े बादामी सुनहरे-रूपहले प्रस्तर खंड रातोंरात कहाँ से उग आये। कुल्हाड़े चलने का स्वर आया, दक्षिणी छोर पर खड़े पीपल की डाली महावत काट-काट कर हाथी के लिए गिरा रहा था। विशाल हाथी अनमना सा अधलेटा उसे देख रहा था। वह बेहद निःसंग सा पत्तों को निहार रहा था। शायद बुरी तरह थक गया। महावत जब तक इसे पुचकार कर न खिलायेगा यह खायेगा नहीं। इस विशाल जानवर की सेवा कैसे की जाय किसी को नहीं मालूम। अलबत्ता सजाना-संवारना जानता है। रंग-बिरंगे खड़ियों के सहारे उसकी पीठ और कान पर, मस्तक और सूंड़ पर कलाकारी की जाती। शिल्पी ने देखा महावत पेड़ से गिर रही डालियों से कोमल पत्ते हाथी के मुँह में डाल रहा है। सूँड़ के नीचे मुँह, दोनों ओर दो मोटे और बड़े दाँत तलवार से, उहुँक इनसे नहीं खाता है यह विशाल हाथी। यह ज़रूर किन्हीं और दाँतों से खाता है। उसका जी करता है कि उसकी सूँड़ को हाथ से उठाकर मुँह खोल कर देखे। अभी तो वह महावत के माध्यम से ही देख रहा है।

घोषा

सूरज की किरणें तीखी हो रही थीं, जिस प्रस्तर खण्ड के पास वह बैठा है उसके ऊपर हाथ फिराया, वह भी गरम हो गया था। पर उठा नहीं पा रहा था, उसे बार-बार भान होता था कि यह प्रस्तर खण्ड इसे कुछ कहना चाह रहा है। मुझे ग्रहण करो शिल्पी, मुझे उकेरो, मुझे सँवारो, मैं तुम्हारे ही निकट आई हूँ। वो क्यों, तुम जानते हो? इसलिए कि मैं तुम्हारी हूँ, तुम्हारी ललिता!''

एकबारगी एक झनझनाहट सी हुई। वह प्रस्तर-खण्ड को अँकवार में भर कर फूट-फूट कर रो पड़ा।

''काका, क्या हुआ? हम तुम्हें ढूँढ़ते ही यहाँ आये हैं।''—शिल्पी साकांक्ष होकर उठ खड़ा हुआ। देखा राज्य के परम भट्टारक समक्ष खड़े हैं। रौबदार परम भट्टारक अत्यन्त विनम्र भाव से उपस्थित हैं। उन्हें पता है कि वे पाटलिपुत्र के सर्वश्रेष्ठ शिल्पी के निकट आये हैं।

''महाशय आप?''—शिल्पी ने प्रणाम करते हुए आश्चर्य प्रकट किया।

''हाँ शिल्पी प्रवर, मैं आया हूँ तुमसे मिलने! मुझे पता चला था कि तुम अपने गाँव से आकर यहीं साधु-सन्तों सा जीवन जी रहे हो। तुम्हारे साथ हुए हादसे को भी जानता हूँ। तुम्हारी प्रेयसी धर्मपत्नी ललिता नहीं रही। अब यह सब तो मनुष्य के हाथ की बात नहीं है। न इस मर्मांतक शोक का शमन हो ऐसा कोई शब्द हमारे पास है। पर मैं आया हूँ तुम्हारी कला को पुनर्जाग्रत करने। तुम्हारी अर्धांगिनी स्वर्ग में देखकर सुख पायेगी कि तुम उसकी याद में करुणा को समर्पित हो गये हो।

कौन हूँ मैं ललिता? तुम कौन हो, सबसे पहले मैं तुम्हें देखना चाहूँगा, परखूँगा कि तुम हो कौन! विस्मृति के घूर्णित गर्भ में चीत्कार कर उठा शिल्पी।

तुम घोषा हो? वही घोषा जिसे पिता ने ज्ञान दिया था, जिसने वेद की ऋचायें लिखी थीं, वह सर्वांग बुद्धि थी, शरीर का सौष्ठव यौवन, सुनबहरी ने लील लिया था। वह शनैः शनैः चितकबरी हो चली थी। उसकी वाणी में ओज था, छात्र उसे ध्यान से सुनते। पिता कुलपति थे पर घोषा छात्रों में

सर्वाधिक लोकप्रिय थी। स्थिर और मधुर वाणी थी। सभी छात्र-छात्राएँ एक से नहीं होते। कुछ चमत्कृत करने वाले कुशाग्रबुद्धि छात्र होते और कुछ मध्यम बुद्धि के, कुछ मन्द बुद्धि भी होते। श्रुत पाठ को कई-कई बार रटने के बाद भी नहीं याद कर पाते। घोषा उन छात्रों के लिये अतिरिक्त समय निकालती। उन्हें वेदपाठी न बना पाती फिर भी कम-से-कम जीवन दर्शन तो समझा पाती।

कई बार घोषा अपने उन छात्रों से चमत्कृत होती जो यज्ञ के हवन के लिए श्रुव सुचिक्कण बनाते। जाह्नवी की मोटी रेत को केले के थम्ब की कोमल छाल में सहेज श्रुव की डंडी रगड़ते। यदि वह चिकनी न हो तो हवन करते, अर्ध्य देते, घृत समर्पित करते हाथ में तिनके चुभ जाते हैं। उन काष्ठ समर्पित बच्चों को यह पढ़ाते अच्छा लगता है कि जब आवश्यकता हो तभी और उतनी ही मात्रा में वृक्ष की डाल काटो। ऐसे में कक्षा में डुकृकरणें का हठी रट्टू पाठ रटवाने से अच्छा लगता नई ऋचाओं के नये श्लोक रचना—''पृथ्वी शांति वनस्पत्यै शांति:।''

घोषा सतत् नवीन रचना कर अपने छात्रों को पढ़ाती। पिता यह सब देखते सुनते गुनते। गुरु ऐसे ही हों, यह विचारते। गुरु प्रवर तो हों ही। वह समय गुरु निर्मित करने का था। तब प्रकृति तथा मानव जाति का तादात्म्य प्रबल था। ढेरों विचार नहीं पनपे थे। परन्तु क्षिति जल पावक गगन समीर तथा सर्वोपरि दिनमान से संपर्क था।

घोषा के भाई बहुत साधारण प्रतिभा के थे। रटे-रटाये को समझाते अपनी ओर से कुछ जोड़ते नहीं, व्याख्या तक नहीं कर पाते। घोषा तथा भाईयों के बीच बड़ा फासला था। घोषा प्रात: काल ब्राह्मवेला में उठकर जाह्नवी जल में स्नान करती और सूर्य को उषस् मन्त्र पाठ कर अर्ध्य देती। उसी वेला में उसके समक्ष ऋचाओं के सुवर्ण कपाट खुलते, वह उसका अवगाहन करती। सूर्य की आलतई किरणें, जब स्वर्णिम होतीं तब जल से निकलती जलांजलि देती घोषा।

उधर उसके भाई घोर आलसी थे। भंग की पत्तियाँ चबाकर सोते

उन्हें सूर्य की स्वर्णिम किरण जगातीं। तेज़ी से स्नान ध्यान कर कक्षा की ओर भागते। ऊँघते से छात्रों को पढ़ाने का स्वांग भर करते, खजूर की छड़ी फटकारते रहते।

"क्या रे कर्मकार, तू यहाँ बैठा है? कल ही न तुझे बारह श्रुव बनाने का आदेश प्राप्त हुआ है, बनाया?"

"जी गुरुवर तैयार हैं, यह देखिये।"—वह सामग्री बेमन से देखते।

द्रह्यु जो घोषा से छोटा था, उसपर यज्ञ की सामग्री यथा अरणि समिधा इत्यादि लाने का भार था। वह दिन भर वन में अपनी तरह के विद्याद्रोही लोगों के साथ भटकता रहता। पिता के पूछने पर कहता कि सुगन्धित धूप के लिए सरर गाछ ढूँढ़ रहा था। कभी कहता कि गुग्गुल के लिए पात्र लगा रहा था। गुग्गुल के वृक्ष को कुल्हाड़े से क्षत कर गुग्गुल गोंद की तरह निकालने का प्रावधान था। ये सारे बहाने थे उसके क्योंकि वह पढ़ता नहीं था। घोषा का छोटा भाई असंग भी पढ़ना नहीं चाहता, वह कुम्भकार के घर भोजन पात्र तथा दीप बनाना सीखता। बलपूर्वक घोषा को अपने भाइयों को अनुशासित करना पड़ता। पिता बेहद चिंतित थे कि दोनों भाई कुलपति तो क्या गुरु बनने लायक भी नहीं हुए। स्नातक तक न किया। एक बार उन्होंने अपनी विदुषी ब्रह्मवादिनी पुत्री से विवाह की चर्चा की। घोषा ने कहा—"नहीं पिता जी, मुझे विद्या ज्ञान और प्रकृति के सान्निध्य में रहना अच्छा लगता है।"—पिता उसकी उदासी को समझते थे। धीरे-धीरे अपने अन्तकाल को निकट जानकर उन्होंने घोषा को सम्पूर्ण विद्वत मंडली के सामने कुलपति घोषित कर दिया। सभी साधु-साधु कर उठे। घोषा उच्च आसन पर बैठी। दोनों मूर्ख भाई भी प्रसन्न थे प्रथमतः। परन्तु कुछ वरिष्ठ विद्वानों ने मन से इसे स्वीकार न किया। स्त्री घोषा संभवतः प्रथम कुलपति थी किसी गुरुकुल की। जब तक अस्वस्थ वृद्ध पूर्व कुलपति जीवित रहे तब तक शांति रही। परन्तु असन्तुष्ट मन-ही-मन सुलगते रहे। वे स्त्री कुलपति के साथ सहायक बनकर काम नहीं करना चाहते थे।

मैं एक बलुआ प्रस्तर खंड अपने ऊपर शिल्पी के ठंडे हाथों के स्पर्श का अनुभव कर रही हूँ। शिल्पी के मन में क्या है? क्या वह ब्राह्मणों द्वारा अपदस्थ कर दी गई प्रथम स्त्री कुलपति को आकार देंगे? पर अभी तो घोषा के सम्पूर्ण व्यक्तित्व की महिमा का विचार मन्थन ही हो रहा है। गुरुओं तथा असंग और द्रह्मयु के क्रिया-कलाप में उलझे हैं शिल्पी।

मैं प्रतीक्षा करूँगी ओ मेरे निर्माणकर्त्ता कि कब उठाओगे छेनी।

2

"लो शिल्पी कुछ जलपान कर लो।" चपटी नाक वाला श्यामल युवक कुछ छोटे पीताभ और सफ़ेद जमरूद और बेर ढाक के पत्तों के दोने में लेकर खड़ा था। फल धुले से थे। नमक अलग एक पत्ते में मोड़कर रखा था। शिल्पी ने युवक की ओर तिरछी नज़रों से देखा, बलुआ पत्थर पर पड़ रही कैशोर्यभाव वाली किरणें उसके कपोल पर ज्यामितीय चित्र बना रही थीं। अपने हाथ का ओक बना शिल्पी ने इशारा किया कि उसे जल चाहिए। युवक ने दोने नीचे रखे। भाग कर गंगा नदी में उतर पत्ते के ही दोनो में जल भर लाया। शिल्पी ने जल से कुल्ला किया, आँख मुँह पर छींटे मारे, और बाकी पी गया।

"थोड़ा और जल लाऊँ दादा?"—युवक ने पूछा, शिल्पी ने ना में सर हिलाया और नमक के साथ जमरूद खाने लगा। युवक की ओर देखकर मुस्कुराया; उसे तृप्त देखकर युवक दोनों हाथ बाँधकर खुशी से हिला डोला। साँवले मुखड़े में चमकीले दाँत निकाल हँसा भी।

"थोड़ा तुम लो।"—बेहद धीमी आवाज़ में शिल्पी ने कहा।

"मैंने गाछ पर ही छककर खाया।"—अपना पिचका पेट झूठ-मूठ फुलाकर बोला। शिल्पी धीरे-धीरे बेर और जमरूद खा गया। दोना वाला पत्ता उठाकर युवक जंगल की ओर चला गया था, शिल्पी ने अपनी भीगी हुई बेतरतीब मूँछों को संवारा। आँखें बन्द कर विचारने लगा। घोषा प्रलम्ब देह-यष्टि की स्वामिनी थीं। सानुपातिक विकास था। एक ही वस्त्र को पीछे से लाकर छाती ढँकती गरदन के पीछे गाँठ लगाकर बाँध लेती। ब्रह्मचारिणी थी सो स्वयं जो

सूत कातती, बुनती उसे बिना रंगे, धूसर रंग का ही पहन लेती। दो वस्त्र रखती एक पहने रहती दूसरा धो लेती। केशों का ऊँचा जूड़ा बनाकर रखती। उसे या उसके शारीरिक सौष्ठव को सादा व्यवहार छुपा नहीं पाता। उसे श्वेत कुष्ठ हो गया था जो अनेक उपचार के बाद भी पेट से शुरू होकर गरदन तक बढ़ आया था। पर उससे उसके सुडौल यौवन पर कोई खतरा नहीं था। बुद्धि और तेवर आकर्षक थे। एक बार शिल्पी ने बलुआ पत्थर पर हाथ फेरा।

नहीं, यह न हो सकेगा। घोष्या एक अहम्न्य कुलपति थी जिसके भाइयों को उसका यह ज्ञान-साम्राज्य रास नहीं आ रहा था। शतकों पूर्व विवाह नामक संस्था स्थापित हो चुकी थी। उसके मंत्र बन चुके थे, नियमावली बन गई थी, स्त्री जो बेटी होती थी उसे विवाह के समय पिता की ओर से कुछ स्त्रीधन अपने अनुसार देना होता था जो उसका अपना होता। बाकी सब कुछ पुत्र का।

वरिष्ठ अध्यापकों ने दोनों भाइयों के कान भरे। पितृसत्ता की अमरबेल फैल रही थी। कहा—

"मूढ़ो, कोई उपाय करो, बहन का विवाह कर इसे निष्कासित करो आश्रम से। वरना हवन की लकड़ी, श्रुव और हविष्य जमा करते रह जाओगे।"

"कुलपति बनने का सपना सपना ही रह जायेगा। तुम लोग ही उत्तराधिकारी हो।"—दूसरे ने कहा था। द्रहयु और असंग भंग की पिनक में एक मूर्ख और निकृष्ट ब्राह्मण गोकर्ण से विचार-विमर्श करने लगे।

"गोकर्ण, क्या तुम घोषा से ब्याह कर लोगे?"

"मैं? मैं यज्ञ एवं मधुपर्क के लिए मधु एकत्रित करते हुए मधुमक्खियों का दंश सहन करता हूँ परन्तु उस ज्ञानपुंज का ताप सहन करना मुझसे न होगा।"

"हम तुम्हें धन, भूमि और गौएँ देंगे।"

"पर वह विदुषी स्त्री, जिन्होंने अब तक विवाह नहीं किया, मुझसे विवाह क्यों करेगी?"

"करेगी तो नहीं, हम करवायेंगे बलात्।"

"यह कैसे होगा, ऐसा विधान तो नहीं है।"

"तुमने पढ़ा है जो जानोगे, है विधान।"

"ऐं?"—वह सोच में पड़ गया।

"तुम्हें उसके साथ बलात्कार करना होगा, तब हम पहुँच जायेंगे और शास्त्रों में विहित पैशाच विवाह कर देंगे। वह अपने कुल से निष्कासित हो जायेगी। हम तुम्हें धन देंगे। आश्रम हमारी सम्पत्ति।"

"नहीं-नहीं भैया, मुझे बख्श दो।"—वह हाथ जोड़ कर कलपने लगा। लेकिन अन्ततः लालच में आ गया। अब प्रतिदिन वह ब्रह्ममुहुर्त्त में घोषा के स्नान वाले स्थान पर जाकर छुप जाता और उसके अनिंद्य सौन्दर्य का नयनों से रसपान करता। ऐसे ही अभिभूत हो जब घोषा ने हाथ उठाया अर्ध्य देने को, वह निकट चला गया। पर ताप से गिर गया। झाड़ में छुपे दोनों भाई देख रहे थे कि घोषा ने कड़क कर उसे बुलाया—

"कौन हो तुम और मेरे एकांत साधना स्थल पर क्या कर रहे हो?" भयातुर गोकर्ण ने सब कुछ उगल दिया। घोषा घोर आश्चर्य और जुगुप्सा में आवृत्त हो गई आकंठ।

क्या है यह छलनामय जीवन। धन सम्पत्ति और गायें? बस, इसीलिए ज्ञानार्जन किया, इसीलिए ब्रह्मज्ञान की साधना की? वह अपना कमंडल उठाकर चल पड़ी और उस निकृष्ट ब्राह्मण से कहा कि—"जाओ मेरे विद्वान पिता के मूर्ख पुत्रों से कहो कि वे अपना सब कुछ जो स्थावर है संभालें, मैं पिता द्वारा प्रदत्त संचित ज्ञान लेकर वनगमन करती हूँ। मुझे नहीं है कोई आकांक्षा।"

शिल्पी ने मन ही मन उस सतर शरीर का सौष्ठव आंका और आत्मसात किया बुद्धिमती स्त्री का दर्प। क्या अब यह समय आ गया कि स्त्री बलपूर्वक विवाह करेगी, उसकी स्वतंत्रता समाप्त हो रही है? आचार्य कुल का शिक्षक यदि अनाचार करने को उकसाता है, तब स्त्री की रक्षा कैसे होगी। परिश्रमी, शिकारी, श्रमजीवी स्त्रियों के हाथ में आयुध होते हैं, प्रस्तर के, लौह के, उनका शरीर भी कठोर होता है। परन्तु भोजपत्र और ताड़पत्र निर्माण करने वाली, कलम बनाने वाली मन्त्रद्रष्टा स्त्री अपने कार्यानुसार शरीर से कोमल होती है। स्त्री और पुरुष का बँटवारा हो रहा है, स्वतंत्रता का हनन हो रहा

है। यह क्या, शिल्पी को क्या आवश्यकता यह सब सोचने की? कि घोषा कमंडलु लेकर वन में प्रवेश कर गई। चलती-चलती थक गई। प्यास भी लग रही थी। शाल सागवान के घने जंगल में वह ठिठक गई। सीधे तने वृक्ष, चौड़े पत्तों से आच्छादित थे पर सूर्य का प्रकाश धरती तक आता था सो गझिन दूब फैली थी। घोषा बैठ गई एक तने से लग कर। तन-ही-तन को सहारा देता है। थोड़ी देर आँखें बन्द कीं, पर प्यास की चिलक कंठ में उठी। कमंडलु में आधा भरा जल था, उसने ऊपर उठाया और एक धार जल पीया। तृप्त हुई। आँखें खोलकर चारों ओर निहारा। लगा जैसे जिस पर चलकर आई है वह पथ था। कष्ट से घोषा मुस्कुराई। सभ्यता का पथ है जो वन को जा रहा है, संकरा होता हुआ। सुदूर कहीं से धुँआ उठ रहा था, गाँव होने का आभास हुआ। सन्ध्या काल से पहले स्त्रियाँ लकड़ी का गट्ठर लिये जाती मिलीं। ब्रह्मचारिणी को देख ठिठक गईं। घोषा की पर्णकुटी वहीं बन गई। वनवासी शिक्षित होने लगे। उत्तर वैदिक काल में, पहली स्त्री ने सम्पत्ति के विवाद से मुँह मोड़ लिया। कारण स्पष्ट था। पुरुष उस विवाद को येनकेन प्रकारेण सुलझाना चाहता था। स्त्री का शरीर मात्र एक विवर है यह विचारकर, विषण्ण घोषा ने कुल त्याग दिया। शिल्पी मन और शरीर से थक चुका था। जलपान से क्षुधा शान्त हुई तो पलकें भारी होने लगीं। अब वह प्रस्तर खण्ड के पार्श्व में लेट गया। लेटते ही सो गया बिल्कुल निःस्वप्न। मन में उथल-पुथल की आवृत्ति के स्वरूप की; अब इसने अपने को तैयार कर लिया था। छेनी उठाने को तत्पर था।

"उठिये शिल्पी, भोजन का समय है।"—एक राजन्य खड़ा था। शिल्पी उठा, देह झाड़ते देखा सूरज पश्चिमाभिमुख हो रहा है।

"ओह, कई दिनों पश्चात् निःस्वप्न सोया, क्या स्नान कर लूँ?"—शिल्पी बहुत दिनों बाद गला खोलकर बोल रहा था।

"प्रभु, जैसी आपकी इच्छा, देर न करें। गरम-गरम भात तैयार है।" राजन्य ने कहा। शिल्पी गमछा पहन गंगा स्नान कर आया। अंजलि की पश्चिम की ओर और झोपड़े में जाकर पटरे पर बैठ गया। देखा पवित्रता से झोपड़ा

लीप दिया गया है। पीढ़ा लगा है, सुस्वादु भोजन है, चने की दाल-भात, आलू और परवल की तरकारी, झरबेरी की चटनी। शुद्ध घी की छौंक हींग की। शिल्पी ने पेट भर खाया। थाली उठाने को हुआ कि राजन्य ने बरजा।

"सेवा हमारा धर्म है प्रभु।"—उसे ताकीद की गई थी कि शिल्पी को कोई असुविधा न हो पर उसने भोजनपात्र उठाया और बाहर जंगल की ओर फेंक आया।

"अपनी थाली भी मैं स्वयं धोया करता था, वो थी तब भी, आप अन्यथा न लें।"—शिल्पी ने सहास्य कहा।

"परन्तु अब ऐसा न होगा प्रभु। मौर्य साम्राज्य की परिपाटी के अनुरूप आप स्त्री के श्रम की महत्ता समझते हैं। यह मुझे मालूम है। आपने सदा ही ललिता देवी को सम्मान दिया परन्तु हम स्त्री नहीं हैं। हम आपकी सेवा कर सौभाग्यशाली होंगे। आप विश्राम करें प्रभु, हम पुनः रात्रि भोजन लेकर आयेंगे। सन्ध्या होते ही मशाल जला दी जायेगी। नमस्कार।"

"रात्रि भोजन नहीं राजन्य, अब और आज कुछ भी नहीं।" शिल्पी ने कहा

"गोरस तनिक ले लें प्रभु।"

"जैसी आपकी इच्छा।" राजन्य अपने कर्त्तव्य कर चले गये। कुटीर के पार्श्व में एक बड़ी बछड़े वाली गाय बँधी, हरी घास खा रही थी। वहाँ खड़े युवक को बुलाकर पूछा, "यह क्या तुम्हारी गाय है?"

"प्रभु, आपकी है। महामात्य ने भेजा है, मैं गोपाल हूँ।" बहुत आश्चर्य नहीं लगा शिल्पी को। क्योंकि पहले भी महामात्य की कृपा इन पर थी। शिल्प गढ़ने और ओपे तैयार करने में किसी प्रकार का व्यतिरेक न हो यह अभीष्ट था उनका। एक लम्बी उसाँस खींची शिल्पी ने। चलकर फिर वह प्रस्तर खण्डों के बीच बैठ गया और उस विशेष शलाका पर हाथ फेरने लगा। किसकी आकृति गढ़ूँ?

3

"आदरणीय प्रधान शिल्पी को सादर नमस्कार करता हूँ।" शिला शलाका पर पड़ती छाया हाथ में पगड़ी पकड़े झुकी दीख पड़ी। उन्होंने सर उठाया और खड़े हो गये।

"नमस्कार करता हूँ आमात्य।" सामने खड़े विद्वान आमात्य को शिल्पी ने प्रतिनमस्कार किया।

"आपको देखकर प्रसन्नता हुई। प्रभो आप हाथ लगा दें। नये सौध के सभागार में मूर्ति लगेगी।"

"यह आप कहाँ लगायेंगे श्रीमान?"

"आपकी मूर्ति सम्राट् के सिंहासन के दोनों ओर लगेगी प्रधान शिल्पी।"

"ओह, किस भाव की बनाऊँ?"

"मैं नहीं निर्देश देने योग्य प्रभु, आप स्वयं इतने बड़े विद्वान विचारक हैं। शिल्प गढ़ने में स्वयं ब्रह्मा भी आपसे ऊपर नहीं ठहरेंगे। वे जान देने के मात्र अधिकारी हैं आप प्रस्तर में जान डाल देते हैं।"

"यह अतिशयोक्ति है श्रीमान।"

"आप स्वयं विचार कर गढ़ें, नारी सौंदर्य का उपमान एक सी दो, जो सिंहासन के दोनों कोनों पर खड़ी हों।"

"जैसी आज्ञा।"

"नहीं प्रभु, अनुरोध मात्र।" शिल्पी सोचता खड़ा रहा आमात्य चले गये।

घोषा वनवासियों को शिक्षित कर रही थी और विचार रही थी कि क्या गाँव और ग्रामणी संस्था रूप में चिह्नित हुआ वह ठीक रहा? उषा तथा इला जिनके पास गायों का विशाल संग्रह था। जो वेदकाल की प्रच्छन्न-ॠत् की द्रष्टा थीं। उनके जीवन में ऐसी कुंठा, ऐसा विपर्यय था? नहीं था। उन्हें गृह त्याग करने को कभी किसी ने नहीं कहा। अपनी गायें लेकर वे जिस दिशा में चाहती चली जातीं। ॠतुस्नान के पश्चात् पुरुष संसर्ग से सन्तान उत्पन्न करतीं। उन्मुक्त जीवन था। किसी गोत्र और घर का बंधन नहीं। वे स्वयं गोत्र नियामक रहीं। शंडिला का सबसे बड़ा कुनबा था। संतानें भी बहुत बड़े क्षेत्रफल में बिखरी थीं।

वर्णाश्रम बन जाने, ग्राम-ग्रामणी की विधिवत् स्थापना हो जाने के बाद, ऐसा लगा, शनैः शनैः स्थितियाँ बदलने लगीं। उसे याद आ रहा था कि हवन में थोड़े बड़े 'श्रुव' से घृत समिधा में पुरुष के कल्याणार्थ अर्पित हो रहा है, पर स्त्री के लिए छोटे 'श्रुव' का व्यवहार होता है। विवाह नामक संस्था द्वारा स्त्री बाँध तो दी गई पर पुरुष नहीं बँधे। स्त्री प्रकृति है जो निर्माण कार्य की परिचायक है, नियन्ता बनने की राह पर पुरुष है। क्या है यह विवाह संस्था। यदि मात्र यौनिक शुचिता को लेकर है, उच्छृंखलता को समाप्त करने को लेकर है तब सम्पत्ति विवाद का प्रकरण क्यों उठा। घोषा को जान पड़ता है कि गायों की तरह भावी उषा और इला भी सम्पत्ति गिनी जाने वाली है। हमें क्या यूँ ही सब कुछ छोड़कर जंगल भाग आना चाहिए? नहीं, द्रह्यू और असंग जैसे पुरुषों पर ज्ञान का केन्द्र नहीं छोड़ना चाहिए परन्तु क्या वनवासियों के मन में ज्ञानपिपासा जगाकर इन्हें छोड़ कर जाना उचित होगा? घोषा विचारती है, ज्ञान की गरिमा रखने को तत्पर अन्य ब्रह्मवादिनियाँ वह विवाद अवश्य सुलझा लेंगी पर यह काम मैं ही कर सकती हूँ।

शिल्पी क्या बुद्धि से जगमग, संवेदना से लबरेज घोषा को सांगोपांग उकेर पायेगा? यदि संभव हो तो वह महाराज के सुधी सभागार वाले सिंहासन

के लिए सार्थक होगा। एक बार उस प्रस्तर खण्ड को बित्ते से मापा, फिर उसी नाप का दूसरा प्रस्तर खण्ड ढूँढने लगा कि भुवन नामक उसका प्रशिक्षु युवक माप वाली रस्सी लेकर पहुँच गया। चरणों में झुककर प्रणाम किया और रस्सी आगे कर दी।

''अच्छा किया तुम आ गये।'' दोनों की आँखें नम थीं।

''भुवन, इसी माप का दूसरा प्रस्तर खण्ड देख लो। फिर हम इन्हें किनारे कर लेंगे।'' शिल्पी ने कहा

''जैसी आज्ञा गुरुदेव, मैं देखता हूँ। श्रमिक भी हैं कई जो इन भारी प्रस्तर खण्डों को किनारे कर देंगे। परन्तु गुरुवर, किस स्थान पर आपने कार्यारम्भ को विचारा है?''

''यही स्थान उपयुक्त है जहाँ से गंगा का अविरल प्रवाह भी दीखता है, पीपल की छाँव भी है। मैं छप्पर के नीचे काम नहीं करता पुत्र! हमें तो गगन का विस्तार चाहिए। गंगा स्त्री है। मुझे अविरल गतिमान स्त्री का सौंदर्य ही तो अंकित करना है। आकाश सा नि:सीम वक्ष हो जिस पुरुष का उसकी छाया से प्रतिभासित स्त्री के अंग प्रत्यंग का उमंग चाहिए, पीपल के कोमल ललौंछ सौन्दर्य उकेर सकूँ ऐसा अपना हृदय चाहिए पुत्र!''

''यही होगा गुरुवर!''

''तुम क्या मेरा साथ दोगे?''

''इसीलिए आया हूँ, आदेश करें।''

''तुम शास्त्रज्ञ विद्वान होने के बाद मुझसे कुछ शिल्प सीखने आये थे। सीखा भी पर मुझे मालूम है, तुम बड़े पाग के अधिकारी हो। पिता की अकेली सन्तान। क्या यहाँ असुविधा में रहकर दीर्घकाल तक मेरा साथ निर्वाह कर सकोगे?''

''जी गुरुवर! सोच लिया।''

''सोच लिया तो फिर स्वागत है।'' उसे सीने से लगा लिया शिल्पी

ने। भुवन प्रस्तर मापने में लगा रहा, श्रमिक साथ थे। शिल्पी के मन में दूसरी स्त्री का विचार आया—वह थी वेदवती।

वेदवती—साक्षात् देवगुरु बृहस्पति की पौत्री तथा कुशध्वज की पुत्री वेदवती का स्मरण किया शिल्पी ने। वेदपाठी वेदवती ब्रह्मवादिनी का। वेदवती अत्यंत रूपवती भी थी। बड़े-बड़े विद्वान उसके साथ शास्त्रार्थ कर चमत्कृत होते थे। वेदवती के पिता ने उससे कहा कि वह रूप-गुण सम्पन्न स्त्री है सो उसे विष्णु से विवाह करने को कहेंगे। परन्तु वेदवती विवाह के लिए प्रस्तुत नहीं थी। उसे विवाह करना ही नहीं था। वह विष्णु जैसे सुन्दर प्रभावशाली शंख-चक्र-गदा-पद्मधारी से विवाह के प्रलोभन के सामने भी नहीं डिगी। एक दिन कमंडल लेकर हिमालय पर तपस्या करने निकल गई। उसने मात्र काले हिरण की खाल पहन रखी थी। उन दिनों कपास वाले वस्त्र योगी यती नहीं पहना करते थे। सो वेदवती काले हिरण की खाल पहन बाघछाला पर बैठ हिमालय की किसी कन्दरा में तपोलीन थी। परिवार और समाज में वेदवती का पूरा सम्मान था। लंकापति रावण प्रतिदिन अपने पुष्पक विमान से शिव की पूजा करने कैलाश पर्वत जाता। एक दिन उसने वेदवती को योगलीन देखा। सुन्दर और विशिष्ट वस्तु को हस्तगत करने की उसकी प्रबल लालसा ने वेदवती से प्रणय-निवेदन करने को प्रेरित किया।

"हे सुन्दरी इस भरे यौवन काल में तुम्हें कौन सा दुःख सता रहा है कि तुम इस निर्जन प्रान्तर में घोर कष्ट सह कर तप कर रही हो? कहो तो मैं तुम्हारा दुःख दूर करूँ।" रावण ने कहा

"मैं तप कर रही हूँ, आप जाइये, राहगीर हैं।"—उसने कहा। रावण तो कामदग्ध था; वह कहाँ जाता? उसने वेदवती का हाथ पकड़ लिया। उसके साथ कुकर्म करने की कोशिश की। वेदवती ने अपने आप को उससे छुड़ाया और शाप दिया कि परस्त्री पर बुरी नज़र ही उसके विनाश का कारण होगा। वेदवती को रावण ने छुआ था, इस बात से उसे बेहद घृणा हुई। वेदवती ने अग्नि की चिता जलाई और वह जल मरी। रावण यह सब देखता रहा।

यह व्यापक समाज में स्त्रियों की स्थिति में ह्रास का परिचायक था।

गार्गी

उत्तर भारत की उन दिनों अलग स्थिति थी। स्त्री पूर्णतः भोग्या नहीं थी, उसकी सहमति के बिना उसका हाथ पकड़ा नहीं जा सकता था।

शिल्पी कल्पना करता है, वेदवती की गरिमा को किसी अन्य मूर्ति में ढालेगा। मन में कुछ दहकने लगा मानो। इस प्रकार के अत्याचार की शुरुआत इतनी भयंकर थी कि वह द्रौपदी के चीर हरण पर जाकर रुकी। द्रौपदी अनन्य रूपवती थी, परन्तु वह तो धूम्र-शिखा सी रंगत वाली थी। उसके लिए तेलिया प्रस्तर खण्ड उचित होगा। यहाँ मात्र बलुआ प्रस्तर है। बुद्धि की चमक जाननी हो तो सीरध्वज जनक के सभा भवन चलें, जहाँ गार्गी वाचकनवी से टकराने की चेष्टा में कितने विद्वान खेत रहे। गार्गी दर्शन की निष्णात विदुषी थी। ब्रह्मवादिनी थी। वही जिसने ब्रह्म को जाना था। राजा विदेह जनक जो स्वयं भी ब्रह्म को जानने का दावा करते थे। भांति-भांति के विद्वानों के अभिभावक सरीखे की सभा में ख्याति सुन याज्ञवल्क्य अपनी ब्रह्मवादिनी पत्नी मैत्रेयी और गृहस्वामिनी पत्नी कात्यायनी के साथ आये। विदेह जनक ने उनका स्वागत अपनी सभा में किया। याज्ञवल्क्य और उनकी पत्नी मैत्रेयी को ऊँचा स्थान दिया गया। अब वे राजा के संरक्षण में इस धारणा को पुष्ट करने को अनेक स्थापनायें गढ़ने लगे।

"ब्रह्मसत्य जगन्मिथ्या"

—एक ही लक्ष्य को पाने के तरीकों पर वाद-विवाद होते। पंडित जी को क्रोध अधिक आ जाता, उनके क्रोध और निर्झर सा प्रलाप भी संहिता में बद्ध हो जाता। इधर गार्गी अपनी शान्त प्रकृति की वीतराग विदुषी थी। सभा के मध्य बैठी वरीय विदुषी प्रश्न करती और याज्ञवल्क्य ऐसे उत्तर देते जैसे मक्खन को काट रहे हैं। परन्तु कुछ गूढ़ प्रश्नों के उत्तर पर वे अप्रतिभ होकर कह उठे कि हम यह बड़े समाज के समक्ष नहीं कहेंगे। गार्गी ने ही याज्ञवल्क्य को उपनिषद संहिता और ब्राह्मण ग्रन्थों का सबसे बड़ा उद्गाता कहा। यदि गार्गी जैसी वरिष्ठ विदुषी न होतीं तो याज्ञवल्क्य की महत्ता कम न होती पर अद्वितीय बनाने में इनका ही हाथ था। अपने सामने वाले समरूप विद्वान को ऊपर प्रतिष्ठित करने वाली गार्गी वाचकनवी की सदाशयता यदि

उकेरी जा सके तो शिल्पी उस भाव को अवश्य पकड़ने की कोशिश करेंगे। सदाशय भाव तो कात्यायनी का भी था जो अपने पति याज्ञवल्क्य के साथ उनकी ब्रह्मवादिनी पत्नी मैत्रेयी तथा सहयात्री गार्गी के योगक्षेम का ध्यान रखती। गायें दूह कर दूध पिलातीं, भोजन पका कर खाने को देतीं। सेवा करतीं और इस बात का उद्‌घोष करतीं—"जगत् सत्य ब्रह्म शंका"

कात्यायनी इस जीवन जगत की सामान्य स्त्री थीं जो रसोई के लिए धान कूट कर चावल निकालतीं, चावल से भात पकातीं। साग-सब्ज़ी के बीज रोपतीं, फिर उसे पकातीं। सकल समाज से कात्यायनी का तादात्म्य था क्योंकि उनके लिए जीवन जगत सत्य था। एक दिन याज्ञवल्क्य ने घोषणा की कि वे जंगल जायेंगे, बहुत हुआ, अब वे अमरत्व प्राप्त करने को तपस्या करेंगे। मैत्रेयी और कात्यायनी को बराबर भागों में सम्पत्ति बाँट दी। मैत्रेयी तो स्वयं ब्रह्म की खोज में लगी रहती, उसे भी तो अमरत्व चाहिए था। फिर क्या था उसने सब कुछ कात्यायनी को देकर याज्ञवल्क्य की राह पकड़ी। गार्गी तो थी ही। कात्यायनी अपने जगत में थी। बाल बच्चों को पालती गायों को देखती।

उस गरिमामयी माता की छवि सबसे सुन्दर निखर कर आयेगी। शिल्पी ने विचारा, कात्यायनी सरीखी ही तो थी इसकी ललिता। घर, गायें, खेत खलिहान और गाँव समाज का योगक्षेम देखती रहती। ललिता पर हम सब निर्भर थे वैसे ही जैसे कात्यायनी पर पंडित और ब्रह्मवादिनियाँ निर्भर थीं। क्या यही नहीं था शिल्पी के साथ भी? ओह अब छेनी उठानी ही पड़ेगी। भुवन ने दो बराबर प्रस्तर खंड किनारे कर लिये थे। मूर्ति बनाने की सीमा तय कर दी थी। तीन हिस्से नीचे की ओर निशान लगा दिया था। पैर से लेकर नितम्ब तक पूरी मूर्ति का तीन हिस्सा होगा। एक हिस्से के ऊपर के अंग-प्रत्यंग तथा मुखमंडल, केश-राशि इत्यादि उकेरे जायेंगे। भुवन भी बड़ी कोमल दृष्टि से सहला रहा था उस अजन्मी आकृति को।

यह आकृति स्त्री के सौन्दर्य की ही नहीं उसकी अवस्थिति की है, उसकी अस्मिता की है, उसके ज्ञान की है। अन्ततः पूरी इयत्ता की।

4

"प्रिय युवक, छेनी से किसी भी अंग को उकेरने से पहले उसका गुण-अवगुण देखना पड़ेगा।"

"गुरुदेव, वह तो मुखमंडल के भाव उत्कीर्ण करते हुए होता है न!"

"नहीं पुत्र, करना तो तभी पड़ेगा, जब चरण गढ़ने लगेंगे। किसी गृह स्वामिनी अर्थात् गृह कार्य विशेष के चरण और कृषक बाला के चरण एक से नहीं होंगे। किसी शिक्षिका, ब्रह्मवादिनी तथा नर्तकी के चरणों में बड़ा अन्तर होगा। कार्य तथा स्वभाव के अनुरूप अंगों की बनावट विकसित हो जाती है।"

"आपने सही कहा गुरुवर, परन्तु हमें सिंहासन के दोनों पार्श्व पर खड़ी चंवरवाहिनी बनानी है न, स्थिर खड़ी तो क्या उसमें भी लास्य ढूँढेंगे?"

"नहीं लास्य नहीं। पर जिसकी कल्पना कर मूर्ति गढ़ेंगे उसका अंग निक्षेप हो।"

"जी गुरुवर,"

"चलो तुम शुरू करो, पैरों को सम रखने के लिए चबूतरा साथ उकेरो, पदत्राण न उकेरना।" हँसने लगे प्रधान शिल्पी। भुवन भी किंचित हँसा।

अहल्या का ध्यान किया शिल्पी ने। एक राजकन्या अहल्या शिक्षा के प्रति घोर अनुराग रखती थी। उसके पिता उसकी इच्छा तथा प्रतिभा को

अहल्या

जानकर बारह वर्ष की अवस्था में ऋषि गौतम के पास धर्मशास्त्र पढ़ने को छोड़ गये। बारह वर्ष अध्ययन कर अहल्या परास्नातक हुई। अब वे 24 वर्ष की हो चुकी थीं। उनके रूप-यौवन, ज्ञान, चापल्य को देखकर कई राजकुमार अपनी जीवन संगिनी बनाना चाहते थे। परन्तु सर्वप्रथम गुरु कपिल ने विवाह का प्रस्ताव रखा जिसे अहल्या ने मान लिया। आयु के अन्तर से उसे कोई अन्तर न पड़ा, ऐसा जान पड़ता था। परन्तु गौतम शंकित थे। उन्हें ज्ञात था कि अहल्या को पत्नी रूप में प्राप्त करने के लिए कितने पुरुष लालायित थे। कइयों ने इनके सामने सिफ़ारिश करने का प्रस्ताव रखा था। गौतम जानते थे कि उन युवा राजकुमारों को गौतम का अहल्या से विवाह करना रुचता नहीं था। अहल्या को गौतम से कोई शिकायत नहीं थी।

फिर तो यह कथा सर्वविदित है कि रात्रि के तीसरे प्रहर में जब भ्रमवश भोर समझ कर गौतम स्नान करने निकले तब इन्द्र ने सुषुप्तावस्था में अहल्या से समागम किया। उसे जाते स्वयं कपिल ने देख लिया। शंकालु कपिलमुनि ने अहल्या को कलंकित करके आश्रम से निकाल दिया। परन्तु वह अपने पिता के राज्य न लौटी। वहीं बहिष्कृत होकर अध्ययन में डूब गई। अहल्या बड़ी ब्रह्मवादिनी हुई, दर्शन के गूढ़ रहस्यों को सुलझाने लगी। स्वयं गौतम आश्रम छोड़कर चले गये। एकाकी अहल्या ने विश्वामित्र के साथ आये राम को अपना दुःख कह सुनाया। राम के बीच में पड़ने से एवं अहल्या के तप से सन्तुष्ट होकर गौतम ने उन्हें अंगीकार किया। पुनः आश्रम जागृत हो गया। दोनों ने ज्ञान विज्ञान की कई गिरहें खोलीं।

अहल्या की मूरत बनाई जाय? अकारण जिसे लांछित किया, दो पुरुषों ने मिलकर। गौतम जिसने अपने से आधी आयु की युवती से विवाह किया और इस शंका में जलते रहे कि कहीं यह युवती मुझसे असन्तुष्ट तो नहीं है? पुरुष की शंका ने उसे वातभक्षा पाषाणी ही तो बना दिया था। स्त्री की स्थिति उपनिषद् काल तक आते-आते अनुगता की हो चली। समाज का संस्कार भी तो बदलने लगा था, स्त्री का मान-सम्मान पति के साथ ही जुड़ने लगा था। विद्वत्वर्ग में इस विषय पर वाद-संवाद की गुंजाइश ही न रही थी।

सीता

विवाह रूढ़ हो चला था। स्त्री सम्पत्ति हो चुकी थी, तभी तो पूर्ण नियंत्रण उसके हाथ में चला गया था। यह स्त्री की स्वतंत्रता के ह्रास का काल था। जिस राम ने गौतम के मन में अहल्या के निष्पाप होने का विश्वास जगाया था उसी राम ने विजेता होने पर सीता को लांछित किया था। क्या सीता की मूर्ति गढ़ें? शिल्पी ने सोचा। नहीं सीता तो स्वयं राजरानी हैं, वह वातभक्षा नहीं, न किसी की कृपा पर रही कभी। किसी माता ने अवैध गर्भ धारण कर इसे जन्म दिया था। रूढ़ सामाजिक दबाव में खेत में छोड़ आई। राजा जनक ने खेत में हल चलाते ही पाया और अपनी पुत्री बना लिया। हल की सीत पर पड़ी मिली सो सीता हुई, राजा जनक ने पुत्री रूप में अपनाया सो जानकी हुई। संभव था कि जानकी को सबसे पहले भैंस चराने वाले गोपाल देखते तब वह ग्वालिन होती। मछली पकड़ने जाल लेकर जाने वाले मल्लाह के हाथ लगती या सुबह-सुबह मिट्टी कोड़ने वाली कुम्हारिन के हाथ लगती तब वह कुम्हैन होती। सीता का भविष्य युगान्तकारी होना था सो राजा जनक के महल की शोभा बनी। गुरुकुल गई, शिक्षा पाकर विदुषी हुई, शस्त्र की शिक्षा पाकर वीर कहलाई। कई अभिमंत्रित बाण थे उसके पास। शिवधनुष जो खासा भारी था उसको खिलौने की तरह बरतती, ऐसी सीता के लिए धनुर्भंग का आयोजन किया गया। इसलिए कि स्त्री से बड़ा वीर, विद्वान स्वामी हो। अब तक वर स्वामी हो चुका था। सीता के रूप-सौंदर्य, शील-स्वभाव पर मुग्ध राम ने मात्र उसके बल, बुद्धि की चमक के कारण बार-बार अपमानित किया भी और आने भी दिया।

सीता तो वह सदा होती, सीत में पाई गई। शिल्पी को हँसी आ गई, भैंस की पीठ पर पहसर चराती सीता की कल्पना से। मछली का जाल बुनती, जाल के लिये धागा तैयार करती सीता, मिट्टी को मुंगरी मार-मार कर महीन करती सीता।

राजरानी सीता चंवरवाहिनी नहीं बन सकती। वह चाहे हरण कर अशोक वाटिका में पहुँचा दी जाय या निकाल बाहर कर दी जाय। वह किसी को चँवर नहीं डोलायेगी। ऐसी स्वयंसिद्धा खुरपी, कुदाल उठाकर खेत कोड़ेगी, बीज

बोयेगी। बेशक भैंस चरा लेगी, गाय दुह लेगी, मछली पकड़ लायेगी। अल्प साधन में सुस्वादु भोजन बना लेगी। अब वह चुप रहकर किसी की ताबेदारी नहीं सहेगी।

पूर्व वेद का उन्मुक्त समय बीत गया, उत्तर वेद की मधुयामिनी बीती। अब स्त्री सन्तान पालने वाली, गृह कार्य प्रवीण हो गई। वह पुरुष नामक वृक्ष के ऊपर लिपटी लता सी हो गई। बेशक वह अमर बेल है पर है तो विटप आश्रित लता। परन्तु सीता ने विरोध की सुगबुगाहट की शुरुआत तो कर दी। वह कठपुतली नहीं है। वह—नहीं जायेगी अवध के राजमहल में। वह नहीं रहेगी किसी आश्रम में। वह चली जायेगी किसी माता के पास, वह बंजारन हो या शबरी। धरती तो राजा राम के लिए फटी थी। उन्होंने कभी सोचा भी न होगा कि उनकी अर्धांगिनी कभी उनके आग्रह, आदेश को टाल देगी। अब तक स्त्री भामिनी, कामिनी हो चुकी थी। सीता ने कामिनी बने रहने से इनकार कर दिया। विद्रोह की शुरुआत हो चुकी थी। अपने अस्तित्व के संकट को अभिजात स्त्रियों द्वारा पहचाने जाने की शुरुआत थी। उसके पहले गौतम ऋषि द्वारा त्याज्य अहल्या ने फिर से उनके साथ गृहस्थी बसा ली परन्तु सीता ने ऐसा न कर एक मिसाल तो कायम की।

"किस सोच में बैठे हैं, शिल्पी प्रवर"—अनायास आमात्य के स्वर सुन शिल्पी चौंक गये। सचमुच दिन चढ़ आया था। आमात्य ने अपने पीछे खड़े शकट से सामग्री उतारने का आदेश दिया। सामग्री गृहोपयोगी थी।

"यह सब क्यों?"—विषण्ण शिल्पी ने कहा।

"कुछ नहीं है, आपके लिए मात्र पलंग और गद्दे हैं। बैठने की आसन्दी है। थाली, कटोरी और भोजन की सामग्री है। रोज़ पहनने के वस्त्र हैं, आभूषण तो आप धारण करते नहीं सो नहीं हैं।"—हँसे आमात्य उनकी कुटीर के पार्श्व में बना थोड़ा बड़ा और आकर्षक कुटीर सामान से भर गया। पुराना

कुटीर रसोई घर बन गया। बैठक सज गई। रसोइया और गाय देखने वाला गोपाल आ चुका था। इतना महत्त्वपूर्ण कार्य करने वाले शिल्पी की सुख-सुविधा का ध्यान रखना राजकीय दायित्व था। शिल्पी वस्त्र ले गंगा की ओर चल दिये। स्नान कर भोजन किया और नये गुदगुदे बिछावन पर सो गये। नींद खुली तब साँझ घिर आई थी। चारों ओर धुआँ-धुआँ सा था। कोठरी में प्रकाश था जो बाहर खड़े मशाल से आ रहा था। कमरे में नीम के पत्ते में कपूर जलाकर धुआँ किया गया था। सुगंध के साथ मच्छर-मक्खियों का सर्वनाश करने को यह धुआँ पर्याप्त था। गाय की गोशाला में भी घास-पात के साथ जड़ी बूटी का धुआँ दिया गया था।

आलस्य तज कर बाहर दालान की ओर आने पर देखा भुवन भी हाथ-पैर धोकर आये हैं। उनकी कोठरी में भी धुआँ फैला था। दोनों बैठ गये।

"भुवन, तुमने विश्राम नहीं किया?"

"भोजन के पश्चात् विश्राम किया था आधा पहर गुरुवर फिर मूर्ति के आधार गढ़ने चला था।"

"अच्छा-अच्छा, तुम क्या विश्राम करोगे पुत्र! सौधवासी को यहाँ कैसे नींद आयेगी।"

"आप भी तो सौध में ही रहते हैं गुरुवर!"

"मेरी छोड़ो।"

"मैं खूब सोया, आप चिन्ता न करें।"

– राजा ने इनकी चिन्ता की और उन्होंने अपनी कला को उनके लिए न्यौछावर कर दिया। महाराजाधिराज चन्द्रगुप्त ने आसमुद्र हिमाचल भारत का विस्तार कर भारतवर्ष बना दिया। अनायास जैन मुनि से दीक्षा लेकर दक्षिण की ओर निकल गये। चाणक्य ने उन्हें अनुमति दे दी थी। अब बिन्दुसार सम्राट थे। कला-कौशल के विकास का समय था। देश-विदेश के शिल्प का सम्मिलन हो रहा था। प्रस्तर की अनगढ़ गुफाओं में प्रागैतिहासिक काल

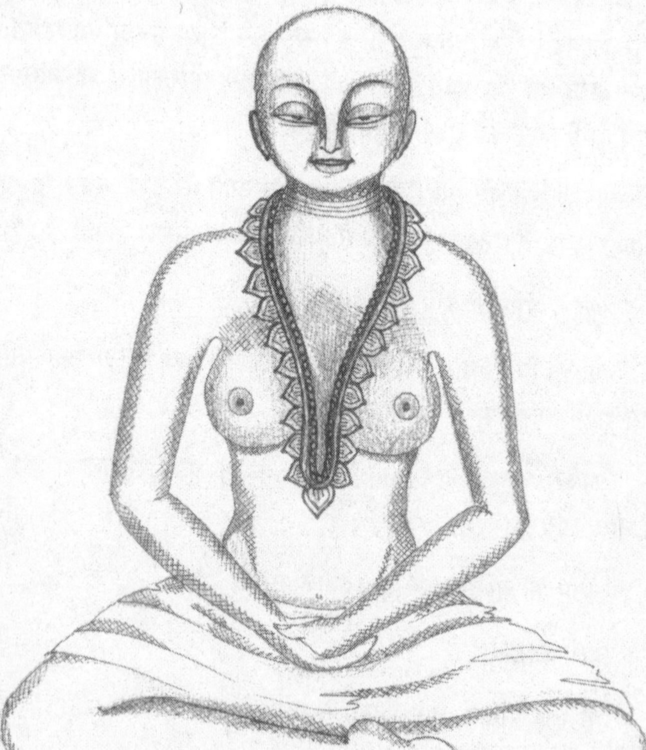

राजकुमारी मल्लिनाथ

से उत्कीर्ण हो रहे भित्तिचित्र अब बड़े-बड़े सम्पूर्ण प्रस्तर पर आकृति के रूपाकार में आ रहे थे। ऐसे समय पारसी शिल्पी के साथ काम करने वाले प्रधान शिल्पी हरिहर ने ओप का सम्मिश्रण बनाना और लेप लगाना सीखा। परन्तु पहले मूर्ति तो बने तब शृंगार होगा।

"भुवन, तुमने जैन साध्वियों के विषय में पढ़ा है न?" सहसा शिल्पी ने प्रश्न किया।

"पढ़ा भी है और उन्हें देख भी रहे हैं प्रभु,"—हँसने लगा भुवन।

"परन्तु क्यों स्मरण आ रही हैं साध्वियाँ? कहीं आप उनकी मूर्ति तो नहीं उत्कीर्ण करेंगे?" पुनः पूछा।

"किया जा सकता है। मुझे मिथिला के जैन महाराजा कुंभ की राजकुमारी 'मल्लिनाथ' की याद आ गई।"

"राजकुमारी मल्लिनाथ जिन्होंने कुछ वर्ष पहले ही संथारा किया? वह हमारी समकालीन हैं गुरुवर।"

"तुम्हें नहीं मालूम भुवन, मेरी पत्नी ललिता मिथिला की थी। मिथिला के मृत्तिका शिल्पी रमणक की पुत्री थी। उनसे सुना था। मल्लिनाथ सुन्दरता की प्रतिमूर्ति थी। सारे लिखित-अलिखित शास्त्र उसे कंठस्थ थे। उसके लिए विवाह के प्रस्ताव अनेकों राजाओं के यहाँ से आ रहे थे। पर अनायास मल्लिनाथ ने जैन साध्वी बनने का निर्णय ले लिया। माता-पिता स्तब्ध रह गये। पिता ने विवाह के आयोजन के लिए नगर में तोरणद्वार बनवाने का निर्णय लिया था। माता ने स्वर्णकार बैठा कर आभूषण बनवाना प्रारंभ कर दिया था। चीनांशुक की कई खेप पूर्वोत्तर से मँगवाई गई थीं। चन्दन के बक्से निर्मित हो रहे थे। सोने-चाँदी-तांबे और पीतल के काम लगातार हो रहे थे। परन्तु पुस्तकों में डूबी राजकुमारी की इस घोषणा से सब कुछ थम गया। नगर में ऐसा सन्नाटा पसर गया कि सूई गिरने की ध्वनि तक सुनी जा सकती थी। परन्तु मल्लिनाथ साध्वी हो गई। वही तो उन्नीसवीं तीर्थंकर

हुईं जैन धर्म में।''

''गुरुवर, जैन धर्म बौद्ध धर्म से अधिक उदार जान पड़ता है मुझे। स्त्री को तीर्थंकर का स्थान देना सामान्य बात नहीं।''

''यह तो है।''

5

"प्रधान शिल्पी को आमात्य शिवदत्त का सादर प्रणाम," भुवन की पीठ के पीछे खड़े आमात्य झुककर प्रणाम कर रहे थे। भुवन उठकर खड़ा हो गया और हाथ जोड़कर प्रणाम किया।

"कहिये आमात्य, सब कुशल तो है?"—प्रधान शिल्पी ने हाथ जोड़कर कहा।

"कुशल है प्रभु। मैं आप दोनों की बातें सुन रहा था। आप मूर्ति की आकृति के विषय में सोच रहे थे न। प्रभु मेरी समझ से आपको कुछ समझाने की कुव्वत किसमें है?"

"अरे नहीं आमात्य, स्थान की क्या आवश्यकता है, वह आप लोग निर्देश देंगे न!"

"ये मूर्तियाँ ही होंगी एक समान। सम्राट के सिंहासन के दोनों छोरों पर खड़ी होंगी। वह स्थान होगा सभागृह; महामात्य गुरुवर चाणक्य का कहना है कि प्रजा सन्तान है, राजा माता। राजा में मातृभाव होना चाहिए। सो उनके निकट खड़ी चँवरवाहिनी के भाव मातृवत हों यह आग्रह है।"

"वैसा ही होगा आमात्य महाशय।"

"जी प्रभु, परिव्राजकों के मुखमण्डल पर मातृभाव कहाँ, वे तो कठोर श्रमसाध्य व्रत रखती हैं, उनका मन अतीन्द्रिय विषय पर स्थिर होता है, वीतराग

होती हैं, वे। ऐसी स्त्री के मुख पर संन्यस्त भाव होगा।"

"यही कह रहे हैं आमात्य।" शिल्पी हँसे। यहाँ किस वस्तु की आवश्यकता है, सब जानकर आमात्य अपने अनुचरों समेत लौट गये।

भुवन और शिल्पी इतिहास पुराण के गलियारों में भटकते अपने समाज की महिलाओं की स्थितियों का जायज़ा ले रहे थे। सचमुच लगातार के युद्ध, सीमावर्ती आक्रमण इत्यादि के कारण नीति ने धर्म को पूरी तरह जकड़ लिया। युद्ध और हिंसा से घबरा कर सिद्धार्थ गौतम का बौद्ध धर्म, महावीर का जैन धर्म पनपा। सबसे बड़ा संकट स्त्रियों की सत्ता पर हुआ। स्त्रियों का वर्चस्व खत्म हो गया, वे अब घर की चारदीवारी में बच्चे पालने, घर खेत और पशुधन संभालने लगीं। उनकी बात अब सुनी नहीं जाती।

"भुवन, माँ तो जाबाला भी थीं" अनायास शिल्पी ने कहा।

"मुझे नहीं मालूम गुरुवर, कृपया परिचय करायें।"

"पौराणिक काल में एक गुरु के आश्रम में एक बालक सत्यकाम अपनी माता जाबाला के साथ प्रशिक्षु होकर गया। स्वाभाविक है गुरु ने बालक का कुल, गोत्र, पिता-पितामह का नाम जानना चाहा। सत्यकाम को कुछ पता न था। उसकी माता जाबाला ने कहा—

"हे गुरुवर, मैं अमुक आश्रम की सेविका हूँ। जहाँ प्राय: ऋषि ठहरा करते थे। उनकी हर प्रकार से सेवा करती थी। उसी में यह गर्भ में आ गया। मुझे स्वयं नहीं मालूम यह किस ऋषि का अंश है। आप यह जानें कि यह है किसी न किसी विद्वान मनस्वी ऋषि का पुत्र।

"गुरुवर सोच में पड़ गये। किन्तु उन्होंने सत्यकाम को अपना छात्र स्वीकार कर लिया। उसको नाम दिया सत्यकाम जाबालि। सत्यकाम प्रखर ऋषि और शिक्षक बना। कई ग्रन्थ लिखे।" भुवन भौंचक्का था। यह कोई शुभ स्थिति नहीं थी।

"गुरुवर, यह दयनीय स्थिति थी; सेविका क्या यौनेच्छा पूरी करने

को हैं?"

"उस समय सब प्रकार की सेवा में, तन-मन-धन सब आता था। यह किसी एक व्यक्ति के लिए सही नहीं था, तभी ऋषि ने परिमार्जन किया। माता का नाम पुत्र को दिया। परन्तु आश्रम के अन्य छात्र अवश्य उस अनाम कुल गोत्र बालक को चिढ़ाते होंगे। गुरु प्रखर छात्र होने के कारण तथा बिना किसी कारण दंडित होने के कारण सत्यकाम को अधिक दुलारते थे।"

"स्त्रियों पर इस प्रकार का अन्याय आज के युग में सहन नहीं होगा गुरुवर।"

"नहीं होगा, तब गणिका क्यों है भुवन? यह काल अधिक भयानक है जब वैवाहिक समझौते होते हैं। हारे हुए राजा अपनी बेटी वस्तु के रूप में सौंप जाते हैं। स्त्री अब पूरी तरह से वस्तु हो गई है। इसका कोई उत्तर?"

"मुझे लगता है यह आयातित संस्कार है।"

"हमने अपना तो लिया। सालों साल से चल रहा है। इस साम्राज्यवाद के जन्म के साथ हमारी माताओं और बहनों का अवमूल्यन तेज़ी से होने लगा। पुरुष की इच्छा पर है। वह जो चाहे करे, वह युवती स्त्री को छोड़कर संन्यास ले ले। उसकी इच्छा का कोई मोल नहीं। किसी विवाहित स्त्री को, शिशु को छोड़कर संन्यासी हो जाने का उदाहरण तो नहीं सुना। सिद्धार्थ गौतम ने अपनी युवती पत्नी सद्यः प्रसूता को बिना उससे विचार किये छोड़ दिया। स्वयं बुद्ध हो गये।"

"यह सामाजिक व्यवस्था थी गुरुवर!"

"समाज मनुष्य बनाता है, यह क्या मानवीय व्यवस्था थी?"

"गौतम बुद्ध बन गये। विश्वधर्म की स्थापना की।"

"उस समय नगरवधू पुष्पगंधा थी, अम्बपाली थी। वे क्या स्त्रियाँ नहीं थीं?"

आम्रपाली

सचमुच वे सर्वश्रेष्ठ रूपवती, गुणवती किशोरी थीं। जिन्हें परिवार का सुख न मिला। यदि स्त्री के लिये घर आश्रम विहित था, यदि सन्तानवती होना गति था तब क्यों नहीं उन्हें वह जीवन मिला? क्यों गणाध्यक्ष द्वारा उन्हें सार्वजनिक घोषित कर दिया गया? यह स्त्री की भावनाओं का उनके स्त्रीत्व का अवमूल्यन है। छठी सदी ईसा पूर्व आते-आते स्त्रियाँ दुःख भूलने के लिए सोने, हीरे के आभूषण गढ़वाने लगीं। पत्थर, वृक्ष, जल-थल की पूजा करने लगीं। कुछ वैदिक, कुछ पौराणिक, कुछ टुटपुंजिया साधुओं, श्रमणों के कहे देव-देवी पूजने लगीं। यह सब कुंठा ही तो थी। थेरी गाथाओं में दिव्यावदान में किसी कृषक स्त्री का प्रवेश नहीं दिखता। कारण क्या था? कारण यही था कि उनको शृंगार कर किसी को रिझा कर बाँधने की ज़रूरत नहीं थी। वे तब भी बंधन-मुक्त थीं। बंधन में उच्च वर्ग की, उच्च जाति की जो सम्मानित कही जाती थीं वे ही थीं। यह विचारणीय है कि साधु-संत, उपदेशक अवतारों की शरण में कृषक स्त्रियाँ क्यों नहीं गईं कभी?

"आपने मेरी आँखें खोल दीं गुरुवर! साम्राज्यवाद की भेंट चढ़ गईं स्त्रियाँ। शत्रुओं को परास्त करने के लिए सुना है विषकन्या बना दी जाती हैं। उनका स्वयं का जीवन कितना दुखद और भयावह है? स्त्री क्या प्रत्येक प्रकार के प्रयोग की समिधा है? यह मुझे विचलित करता है।"

"ठीक कह रहे हो भुवन, ऐसे राज्य को किस प्रकार कल्याणकारी राज्य कहा जा सकता है?"

"प्रभु स्वयं गौतम बुद्ध ने स्त्रियों को बुद्ध बनने के बाद भी दोयम दर्जे का माना।"

"हाँ, बहुश्रुत कथा है कि आम्रपाली ने भगवान हो चुके बुद्ध को जब अपने यहाँ भोजन पर आमंत्रित किया और उनके संघ के समक्ष प्रस्तुत हुई तब उन्होंने न सिर्फ़ अपनी आँखें मूँद लीं बल्कि शिष्यों से भी आँखें मूँद लेने को कहा। आम्रपाली ने कारण जानना चाहा। तब उन्होंने उत्तर दिया—"तुम्हारे सौन्दर्य के ताप को सह न पायेंगे।" आम्रपाली ने उनसे तर्क किया।

"प्रभु स्त्री के सौन्दर्य से भय कि अपने आप से भय? परिव्राजक होना इतना आवश्यक क्यों था कि माताओं का अपमान करने की स्थिति उत्पन्न होती।"

"कालक्षेप से बुद्ध ने स्त्रियों को संघ में आने की अनुमति दी। वे भी परिव्राजिका हुईं। उनकी माता, पत्नी और आम्रपाली, सुजाता सभी थेरी हुईं। थेरी गाथाओं में इनके उद्‌गार सीधी-सादी तुकबन्दियों में मिलती है पर हैं बड़ी मर्मस्पर्शी। सुनोगे?"

"सुनूँगा प्रभु।"

"तो सुनो—आम्रपाली की एक कविता—

गहरे घने जंगल में
कोयल की कूक की तरह
मेरी मीठी आवाज़ में
उम्र के साथ दरारें पड़ चुकी हैं
झुर्रियों से भरी मेरी काया
अब कमनीय नहीं रही
देह की सच्चाई बदल चुकी है
मायावी वस्तुओं के इस ढेर को
एक दिन भरभरा कर गिरना ही था
मुझे तलाश है उसकी
जो क्षणभंगुरता से परे है
मुझे उस सत्य की तरफ़ ले चलो तथागत"

"आम्रपाली एक ग्रामीण षोडशी थी, जब नगरवधू के लिये चुनी गई। उसके एक पदक्षेप पर गणाधिपतियों के मुकुट भूलुंठित होते थे। वह एक गर्वोन्नत रूपसी थी। आयुविहीन होने पर रूपाजीवाओं की यही तो नियति है। उसे सौंदर्यहीन होना स्वीकार नहीं होता। अत: तथागत की शरण में शांति पाना चाहती थी। जहाँ शरीर की नहीं आत्मा के सौन्दर्य की परख होती।"

"गुरुवर, आम्रपाली के सौन्दर्य को हम उकेर सकते हैं, चँवर-वाहिनी की मूर्ति में।"

"तनिक रुको पुत्र! सुजाता को क्यों भूल जाते हो जो कारक बनी बुद्धत्व की? जिसने वृक्ष को देवता समझ खीर खाने को दी?"

"गुरुवर, सुना सुजाता एक बड़े सेठ की पुत्रवधू थी जो बेहद सनकी और झगड़ालू थी। उसने तपस्वी को ही साक्षात् वृक्षदेव समझ लिया और पहली बार बुद्धत्व का दर्शन किया।"

"वह माँ भी बनी, संसार के दुःख-सुख को देखा। वह एक प्रतिष्ठित नगरसेठ की वधू थी। कुछ तो था कि वह वंचिता थी। कुछ तो था कि सारे अभिजात गुणों के होते हुए वह बुद्ध की शरणागता हुई।"

"शायद भंगुर है सब कुछ, इसका ज्ञान हो गया।"

"देखो सुनो मैं उसकी एक कविता सुनाता हूँ—

खूबसूरत झीने, अनमोल परदों में
चंदन सी सुगंधित
बहुमूल्य आभूषणों
और पुष्पमालाओं से सजी
दुर्लभ खाद्य और पेय से
मैंने जीवन के सभी सुख
सभी ऐश्वर्य, सभी क्रीड़ायें देखीं
लेकिन जिस दिन मैंने बुद्ध का प्रकाश देखा
झुक गई उनके चरणों में
और देखते-देखते मेरा
जीवन परिवर्तित हो गया।"

"प्रभु, क्या ऐश्वर्य से निकल भिक्षाटन करना इन्हें अच्छा लगा? जो मिला वह ग्रहण करने की विवशता?"

"ऐसा ही लगता है भुवन, कविताओं में आत्मतुष्टि है वर्तमान जीवन के प्रति और असंतोष है पूर्व वैभव के लिये।"

"हमने स्त्रियों को कभी ऐश्वर्य में, कभी वस्त्राभूषणों में आवेष्ठित कर सुरक्षित ही तो करना चाहा गुरुवर।"

"सुरक्षा की आड़ में स्त्रियाँ घुट रही थीं बार-बार। इसीलिए तो कह रहा हूँ कि महलों में रहने वाली स्त्रियाँ ही परिव्राजिका हुईं। कृषक बालाओं का, श्रमजीवी स्त्रियों का ऐसा कोई साक्ष्य नहीं है। चलो छेनी उठाओ। हमें तो कृषक बालाओं का अभिजात सौन्दर्य गढ़ना है, श्रम-सीकर से भीगी, दुग्धभार से विनत माता के हाथों में चँवर देना है, तभी न्याय होगा।"

कोशा—पाटलिपुत्र की नगरवधू

"आप हाथों में छेनी लेकर क्या सोच रहे हैं गुरुवर?"—शिष्य भुवन ने पूछा।

"मैं राजनर्तकी कोशा को याद कर रहा हूँ। उनकी चिता की राख के नीचे अब भी अग्निकण झिलमिला रहा है पुत्र। सद्गृहस्थ रहा, सो इन भिक्षु-भिक्षुणियों और श्रमण-श्रमणियों की दुहरी रीति-नीति समझ नहीं पा रहा हूँ।"

"कोशा तो महाराज धननन्द के राज्य की नर्तकी थी न प्रभु?"

"हाँ वह थी तो राजनर्तकी। मुनि स्थूलभद्र कोशा पर मुग्ध हो गये थे। प्राय: बारह वर्षों तक उसके रूपजाल में उलझे रहे। उनके पिता की अकालमृत्यु ने उन्हें बड़ा झटका दिया। उन्हें सांसारिक सुखों से विरक्ति हो गई। अनायास सब कुछ छोड़-छाड़ कर योग की ओर प्रवृत्त हुए। स्थूलभद्र ने 32 वर्ष की अवस्था में परिव्राजक का चोला पहना था। कारण वह अपरूप, दिव्य सूचिका नृत्य निपुणिका नृत्य किन्नरी कोशा थी। कोशा का सूचिका नृत्य प्रख्यात था जो सुई की नोक पर किया जाता था। स्थूलभद्र

अद्‌भुत वीणावादक थे। धनन्द को परपीड़न में अनिर्वचनीय आनंद आता था। स्थूलभद्र ने वीणावादन के साथ कोशा के सूचिका नृत्य प्रतियोगिता की घोषणा कर दी। सभा ने देखा नृत्यनिष्णात कोशा के कोमल चरण स्थूलभद्र की महार्घवीणा से निर्गत होती स्वर लहरियों के कर्णप्रिय निनाद से मिलकर कोटि-कोटि सूइयों से निर्मित मंच पर विद्युतगति को मात दे रहे थे। उस नयनाभिराम नृत्य वाद्य के साक्षी रहे पाटलिपुत्र के कलाप्रेमी स्त्री-पुरुष। जो देखते हुए संज्ञाहीन, आत्मविस्मृत से हो उठते। कौमार्यव्रत धारण कर चुकी थी कोशा। वह पुरुषवर्ग से विमुख थी। कोशा के समक्ष महाकवि वररुचि, अजेय रथपति सुकेत तथा श्रेष्ठि रत्नसेन सरीखे राजपुरुष बार-बार प्रणय निवेदन करके थक चुके थे। रूप-गर्विता कोशा निर्विकार भाव से नृत्य साधना में आकंठ डूबी रही। सम्राट धनन्द के ध्यान के प्रमदवन में आयोजित सांस्कृतिक कार्यक्रम के अवसर पर सुकेतु द्वारा सूचिका नृत्य की चुनौती पाकर मानिनी कोशा का दर्द जब दिव्य स्वरों के अभाव में प्रकट हुआ तब स्थूलभद्र ने वीणा का तार छेड़ा। सुकेतु के बेसुरे स्वर पर लड़खड़ाते चरण चपल हो उठे। असंतव्य बाणों से सजे मृत्युमंच पर कोशा का भव्य, दिव्य प्रदर्शन सम्पन्न हुआ।

कोशा स्थूलभद्र पर आसक्त हो गई। कौमार्य व्रत से विमुख हो गई। उसने स्थूलभद्र को रिझाने की पूरी कोशिश की परंतु थककर बैठी नहीं। स्थूलभद्र वीणा के संगीत में डूबे रहे और एक दिन महाभिनिष्क्रमण को निकल पड़े तथागत की भाँति। कोशा अवसाद में चली गई परंतु राजनर्तकी और नवश्रमण स्थूलभद्र की अनुराग कथा सब जानते थे। स्वयं की साधना की परीक्षा लेने की कामना से स्थूलभद्र ने चातुर्मास्य बिताने का निर्णय कोशा के रंगमहल में लिया। चातुर्मास्य उद्यापन के पीछे विशुद्ध नैसर्गिक प्रेम की पराकाष्ठा का दैवीय प्रदर्शन का उद्देश्य था। स्थूलभद्र तपश्चर्या एवं त्याग से परिपक्व हो चुके थे। उन्होंने प्रेम के मोहपाश में पड़ी कोशा की सुषुप्त कुण्डलिनी चक्र को स्पर्श मात्र से जाग्रत कर दिया। मोहमुक्त होकर कोशा की अंतरात्मा दिव्यज्ञान से आलोकित हो उठी। अब कोशा सद्धर्म को समर्पित थी।

पावापुरी से लौटने के बाद दिव्य गुरु संभूतिविजय ने इन्द्रियजित स्थूलभद्र को अपना आधा आसन देकर सम्मानित किया। गुरु संभूतिविजय के बालब्रह्मचारी शिष्य ऋतुकांत ने ईर्ष्यावश अगली बार स्वयं जाने का मन-ही-मन निर्णय ले लिया। गुरु से आज्ञा ले वह कोशा के रंगमहल में पहुँचा। जैन श्रमण के स्वागत के लिए कोशा ने अपना वज्रकपाट खोल दिया। श्रमण ने व्रत का आरंभ तो किया पर चित्त एकाग्र न हो सका। उसका आकर्षण वासनाजनित था वह कोशा से समागम को उत्सुक था। उसने काम पीड़ित हो कोशा के पैर पकड़ लिए। उसके अंग-प्रत्यंग की विशेषता बयान कर ली। कोशा के नयनों में डूब गया। साध्वी व्रती कोशा ने छुरी से अपनी आँख निकाल हथेली पर धर दी। ऋतुकांत को तब जाकर बोध हुआ। वह अब संन्यस्त हो गया। कोशा जैसी साध्वी ने उसका धर्म बचा लिया। ''

''गुरुवर, यह बड़ी मार्मिक कथा है जो पाटलिपुत्र के जन-जन में व्याप्त है।''

''हाँ वत्स।''

''प्रभु यह रूप नारी का है तो उदात्त परंच क्या मूर्ति के योग्य हैं?''

''नहीं पुत्र, इस मूर्ति के योग्य तो नहीं परंतु सम्राट् चन्द्रगुप्त ने नगर से दूर दक्षिणी पश्चिमी सीमा पर जो कमलदह है वहाँ मंदिर बनाने और प्रतिमा स्थापित करने का मन बनाया है।''

''वहाँ उनकी और महाश्रमण स्थूलभद्र की समाधि है न!''

''हाँ वहीं राजनर्तकी, बलिदानी कोशा की मूर्ति बनेगी तथा स्थूलभद्र की भी।''

''श्वेत प्रस्तर खंड अर्थात् स्फटिक शिलायें गिराई गई हैं गुरुवर।''

''हाँ, वह तो है। पर मैं यह विचारता हूँ भुवन कि स्थूलभद्र को अनंत काल तक याद रखा जायेगा परंतु कोशा को, उसके बलिदान को कौन याद रखेगा? स्त्री होने की विडम्बना है।''

"सच है, आम्रपाली को थेरी के रूप में नहीं नर्तकी के रूप में ही लोग याद करते हैं।"

मुझे तो एक विशुद्ध नारी रूप को आकार में लाना है। नारी जो प्रतिपालक है।

6

नीललोहित सांध्यगगन आहिस्ता-आहिस्ता सलेटी हो रहा था, मंदिरों के घंटों से मालूम हो रहा था कि आरती की तैयारी हो रही है। गोधूलि बेला कब की बीत चुकी थी अतः आकाश निरभ्र था। तारे झांकने लगे थे। शिल्पी ने प्रस्तर खंडों में टेक लगाकर आकाश को देखना शुरू किया कि स्वयं के मस्तक रूपी आकाश में स्त्रियों की दुर्दशा का भीषण विचार उत्पात सा मचाने लगा। कैसा समय था जब हज़ारों वर्षों की सभ्यता क्षीण हो चली थी। ऐसे ही समय धर्मों को नियंत्रित करने को सम्प्रदायों का अंकुरण होने लगता है। छठी सदी पूर्व की ही कथा है जब वसुमति नामक कुँआरी कन्या का आततायियों द्वारा अपहरण कर लिया गया था। छोटे-छोटे बँटे राज्य, किसी का किसी से तालमेल ही नहीं। आक्रमणकारियों के पौ बारह थे। जिस किसी कोने से घुसकर धन-दौलत, गाय-भैंस आदि जानवर के साथ स्त्री भी उठा ले जाते। ऐसे ही समय वसुमति नामक कन्या को उठा ले गये। उन्होंने उस बालिका के साथ बड़ा ही दुर्व्यवहार किया। बहुत पीड़ित अवस्था में उसे कौशाम्बी का नगरश्रेष्ठि धनदत्त मिला। उसने उस वज्रादपि कठोर, मृदुल, कुसुमादपि किशोरी को अपनी कृपाकांक्षी बनाया। परन्तु उसकी ईर्ष्यालु पत्नी ने उसे लोहे की ज़ंजीर से जकड़ दिया, उसे अधपके उड़द खाने को दिये थे। फटेहाल वह स्त्री हवेली के द्वार पर खड़ी थी। तभी महातपस्वी साधु के दुर्लभ दर्शन उसे हो गये। महातपस्वी छः माह के दुःसाध्य अम्बिग्रह से अभी ही उठे। वसुमती ने उन्हें वह अपना भोजन

खाने को दे दिया, साधु तृप्त हुए। वसुमती चन्दनबाला बन गई। पारण होते ही ठठ के ठठ लोग जुट गये। पंचाश्चर्य की वृष्टि हुई। महावीर मुनि ने चन्दना का उद्धार किया। घृणित दासी प्रथा का अन्त हो गया। कुल शील अभिजात्य रूपी कथा का अंत हो गया। चन्दना पहले से ही ज्ञावान की भक्त थी—अब उनकी अनुगामिनी शिष्या हो गई। श्रमणी की परंपरा प्रारंभ हो गई। चन्दना प्रथम श्रमणी हुई। युद्ध और असुरक्षा ने ही स्त्री की स्थिति को इतना कमज़ोर किया। यह सब देख-सुनकर बिम्बिसार के मन में आया होगा शक्तिशाली साम्राज्य की नींव डालने का निश्चय। शक्ति सम्पन्न न हो सकेंगे छोटे-छोटे संघ। उसी प्रयत्न में अनेक प्रकार के प्रतिष्ठामूलक समझौते से साम्राज्यवाद की नींव पड़ी। एक प्रकार से स्त्रियाँ सुरक्षित तो हुईं परन्तु स्वतंत्रता में अधिक क्षरण हुआ। अब, विदुषी, अप्रतिम सुन्दरी स्त्री गणिका नहीं, राजनर्तकी होने लग गई। विरक्त स्त्रियाँ या तो श्रमणी हुईं या थेरी। स्त्रियाँ जो स्वभावत: माता होती हैं विरक्त क्यों हुईं? क्या वे अपने घर की चारदीवारी में सुखी-सन्तुष्ट थीं? नहीं थीं, तभी उन्हें घर से अच्छा भिक्षुणी का जीवन लगने लगा। तारे भरे आकाश को निहारते शिल्पी न जाने कब सो गये। कानों में सभी धर्मसम्प्रदायों के प्रार्थना के सान्ध्य गीत गूंज रहे थे।

मशाल लेकर सेवक प्रस्तुत हो गया था। शिल्पी आकाश के नीचे इस प्रकार नहीं सो सकते थे। उन्हें जगाकर दूध का पात्र दिया। शिल्पी मन्थर गति से अपने अस्थाई घर में आये। देखा शिष्य भुवन सो चुका है। थके थे नींद आ गई। नींद में भी स्त्री ही स्त्री दिखाई पड़ रही थी। आचार्य और महामात्य चाणक्य की सद्‌बुद्धि तथा वीर चन्द्रगुप्त सम्राट के बाहुबल से आसमुद्र हिमाचल साम्राज्य स्थापित हो गया। स्त्रियों की गरिमा लौट आई है। अब वे न तो बन्धन अनुभव करती हैं न असुरक्षित हैं। यवनों की आवाजाही के फलस्वरूप जीवन पद्धति, साज श्रृंगार में परिवर्तन लक्षित होता है। क्या ऐसी मूर्ति गढ़ी जाय जिसमें यवन स्त्री का सौष्ठव भी परिलक्षित हो? स्वप्न में ही किसी ने बरजा—धत् शुद्ध देसी संस्कृति की स्त्री ही सम्राट् को रुचेगी। हमारे सम्राट ने विवाह समझौते के तहत किया है, मन उनका पूर्ण भारतीय है। वे सादे, अहिंसक जैन विचारों के व्यक्ति हैं। उनके लिये, उनके सिंहासन

के दोनों तरफ़ खड़ी रहने वाली मूर्ति विशुद्ध भारतीय छटा की होगी। नींद में ही प्रधान शिल्पी छेनी लेकर ठुक-ठुक करने लगे। ठुक-ठुक, ठुक-ठुक! लगातार के शोर से नींद उचट गई। शिल्पी ने देखा प्रकाश फैल रहा है। प्रात:कालीन बयार चल रही है। उठ बैठे तो देखा कि भुवन मूर्ति गढ़ते छेनी चला रहा था। इन्हें हँसी आई। उठकर अपनी रूखड़ी तलहथी को देखा।

''कराग्रे वसति लक्ष्मी, करमूले सरस्वती''—जय हो। उठकर बाहर आये।

''तुम बहुत जल्दी उठ गये भुवन,''—पास बैठकर कहा।

''आप अधिक थक गये थे गुरुवर, मैंने आपको न जगाया।''

''रात मैं यहीं सो गया था, सेवक न उठाता तो यहीं सो जाता। जगने के बाद नींद देर से आई।''

''जी, ऐसा होता है।''

''मूर्ति की पॉलिश का ज्ञान तो तुम्हें है न! कई बार मैं कुछ भूल जाता हूँ, तुम याद दिलाना।''

''मैंने लिख रखा है गुरुवर! यह पर्सीपॉलिश है, आपने लिखवाया था न, वही।''

''अरे हाँ अच्छा किया। फारस के कारीगर यह बताना नहीं चाहते थे। वह तो अपने यहाँ का बुद्धिमान कलाकार सेवक बन उनके निकट गया था। बेवकूफ़ की तरह सेवा करता। सो उसके सामने मिश्रण मिलाते इस अवर्णनीय ओप का। इसने चुपके-चुपके लिख लिया।''

''ओह, अपनी विशेषता छुपा रहे थे। उन्होंने क्या बनाया था गुरुवर!''

भवन के सारे 80 स्तम्भ बनाये। उनके बनाये गये स्तम्भ एक सूत भी इधर-उधर नहीं हैं। काष्ठ शिल्प तो यहीं के शिल्पी बनाते रहे हैं। स्तम्भ के ऊपर जो भवन है उसमें उनका हाथ नहीं है। विशेष है नीचे जड़ में उल्टी घंटी की आकृति और ओप।''

''घंटी की आकृति कमल के फूल सी है, स्तम्भ कमलनाल सा आपने ही बताया था।''

''हमें ऐसा ही आभास होता है; भारतीय शिल्प के अनुसार; उनकी बात मैं समझ भी नहीं पाता, सो यह कहा।''

''जो भी हो, ओप के आलेपन की प्रक्रिया गुरुआनी जी को आती थी। उनके पास लिखी होगी।''

''हाँ, पर खैतक को पता है, उसे बुलायेंगे। मूर्ति तैयार होने पर।''

''मेरे मन में एक विचार आया है।''

''क्या?''

''गुरुवर, गुरुमाता का रूप अद्‌भुत था। माता थीं सो मातृभाव भी था। गुरुवर गुरुमाता के जाने के बाद आपसे विदा लेते समय विपुला बहन बहुत कातर थी। आपने भी उनको विदा कर के मानो संन्यास ही ले लिया था।''

''मेरे जीवन में दो स्त्रियाँ रहीं, एक पत्नी ललिता और दूसरी विपुला। विपुला का कन्यादान कर दिया, ललिता मुझे छोड़कर परलोक सिधार गई। कैसे धीरज धरूँ?''

''गुरुवर, गुरुमाता की छवि अंकित कर अमर कर दें।''

''अमर अपने जीवन तक ही सीमित रहेगा पुत्र। कितने बड़े सम्राट क्यों न हों, उनका समय समाप्त होता है। तब कला-कौशल की कितनी मान्यता रहेगी कौन जाने। परन्तु मैं तुम्हारी सलाह पर ललिता की छवि गढ़ूँगा, अभिजात छवि, मातृछवि, सेवाभावी छवि, सुखदायिनी स्त्री छवि।''

जैसा कहा, वैसा ही गढ़ा उन दोनों ने। दो एक सी चँवरवाहिनी की मूर्ति। अब तक का दल आकर ओप लगा गया। फिर राजसभा के कक्ष में राज सिंहासन के दोनों पार्श्व में खड़ी की गईं। बड़े समारोह में यह स्थापित हुआ।

7

सदियाँ बीत गईं। अपने प्रिय सम्राट् चन्द्रगुप्त मौर्य के सिंहासन के पीछे खड़ी चँवरवाहिनी की मूर्ति ने पत्थर कानो से सुना, महल के अन्दर खाने का षड्यंत्र, पथराई आँखों से देखा राजसी वस्त्र और राजमुकुट उतारते, श्वेतवस्त्र धारण किये संन्यस्त विदा लेते। बिन्दुसार के क्रुद्ध योद्धा रूप को सिंहासन से अधिक गाँव, घर, खेत-खलिहान से मतलब था। युद्ध की प्रवृत्ति भी थी। बिन्दुसार रनिवास की हलचल को जानकर कभी ध्यान नहीं देता। जैसा जो था वैसा ही चलने देता।

अशोक के जीवन के उथल-पुथल को देखा, चँवरवाहिनी ने। पिता के क्रोध का अंश लिये जन्मा था, माता के असंतोष का कालसर्प डँसे हुए था। सिंहासन पर बैठा अशोक फुफकारता रहता। युद्ध और रक्तपात उसका ध्येय था। चण्डाशोक था, वह जिसके न्याय को सहन कर खड़ी थी यक्षिणी। सुना कि राजकुमारी प्रज्ञा उत्कलवासिनी ने अकारण के रक्तपात की भर्त्सना की। सम्राट चण्डाशोक ने एक प्रखर युवती को देखा; शस्त्र त्याग कर बुद्ध की राह पर चल पड़े। सम्राट् अशोक प्रियदर्शी बन गये, चीवर धारण कर संन्यस्त हो गये। चँवर लिये खड़ी यक्षी क्या कर सकती थी; अपने स्त्री स्वरूप पर आत्ममुग्ध थी क्योंकि अब सभा में निर्णय का तरीका बदल गया था। अब अशोक ने कुएँ-बावली बनाने, वृक्षारोपण करने, प्याऊ और सराय बनाने पर ज़ोर दिया। बौद्ध धर्म का आक्रामक प्रचार और उस प्रचार का शिलापट्ट पर अभिलेख। यह सब कुछ एक स्त्री के उद्‌बोधन पर हुआ।

दक्षिण की ओर स्त्रियाँ मात्र राजसी नहीं थीं। वीर थीं, शिक्षित थीं, संन्यस्त भी थीं। युवती थेरी की कमी नहीं रही। बौद्ध धर्म का यम नियम मानती हुई स्त्री स्वतंत्र थी, समाज में यह स्वतंत्रता थी कि मात्र गृहस्थी नहीं करतीं। वे लिख-पढ़ सकतीं। जैसा चाहे वैसा जीवन जी सकती थीं। रनिवास में रहने वाली राजसी सुविधाजीवी स्त्रियाँ अपने स्वभाव के अनुसार रहना चाहें तब भी कोई रोक नहीं। सम्राट अशोक परिव्राज्य ग्रहण कर भिक्षु की तरह रहने लगे। एक प्रकार से राजधर्म बौद्ध हो गया। अनायास चीवर पहनने और सर मुंडवाने की होड़ लग गई। सम्राट की पत्नी, पुत्रियों, पुत्रवधुओं ने भी भिक्षुणी रूप धारण कर लिया। यह कहना कठिन है; इतिहास मौन है कि वे स्वयमेव भिक्षुणी बन रही थीं या बलपूर्वक? यह राजप्रासाद का नियम है कि रानी राजकुमारियों के साथ कुछ सखियाँ और कुछ दासियाँ होती हैं। विदित है कि दासियाँ अनुचरी होती हैं, रानी के अनुसार उनको चलना होता है। रानी या राजकुमारी के साथ की अनुचरी विवशता में ही भिक्षुणी बन रही थीं। सिंहल द्वीप के लिए राजकुमारी संघमित्रा अपने अग्रज महेन्द्र के साथ जब बोधिवृक्ष लेकर नाव में रवाना हो रही थी तब उनके साथ अनेक अनुचर-अनुचरी, भिक्षु-भिक्षुणी के रूप में जा रहे थे। स्त्री भिक्षुणी बने या गृहलक्ष्मी यह अपने हाथ में न था। तलवार का नहीं तो नैतिक आचरण का बोझा था। समाज क्या कहेगा या कि राजभवन में क्या, कैसा व्यवहार होगा? एक राजा की अपनी सोच हो सकती थी, प्रजा की नहीं। पुरुष जो राज्याश्रयी है उसकी स्त्री दबाव में रहती।

जब चँवर लेकर खड़ी भिक्षुणी वीतराग सम्राट के पार्श्व में खड़ी होती तब बलुआ प्रस्तर खंड में उत्कीर्णित यक्षी हैरत में पड़ जाती। हा हंत, जो दशा मेरी वही इन जीवित हाड़-मांस की पुतलियों की भी। सम्राट चन्द्रगुप्त के समय की उन्मुक्त धारा को देख चुकी थी, सम्राट बिन्दुसार के सदैव तीर-तरकश के अभियान को झेल चुकी थी। बहुत कम अवसर आता जब वे सिंहासन पर विराजते। फिर अशोक का समय आया। चण्डाशोक से स्त्रियों को कोई क्षति नहीं थी, परन्तु इस प्रियदर्शी ने अवमूल्यन कर दिया। अब किसी स्त्री को स्वतंत्र सोच-विचार का, अपना आराध्य चुनने का हक नहीं रहा। सुदूर खेतों में रहने

वालों पर उसका प्रभाव क्षीण था। खेत में अनाज उपजाने वाले, गाय, भैंस, बैल पालने वाले, जल कर देने के अतिरिक्त राजा तथा राजन्यों को जानते तक नहीं। अतः अधिकांश प्रजा अपनी चाल में चल रही थी। उसे कौन रोक सकता था। स्नान–ध्यान–पूजन से ? वे प्रकृति पूजक थे। मिट्टी के प्रतीक ज़रूर बनाते और पूजन कर विसर्जित कर देते। उनकी स्त्रियाँ फ़सल के अनुसार सजती–सँवरतीं, वस्त्र–विन्यास, केश–विन्यास करतीं। पाटलिपुत्र में सज्जा यूनान के प्रभाव से बदली थी। परन्तु गाँवों की नहीं। सम्राट अशोक ने आधी आयु तक युद्ध किया। सिंहल नरेश की पुत्री तिष्य रक्षिता जीत के उपहार स्वरूप मिल गई। वार्धक्य प्रारम्भ हो चुका था। युवती रानी को पटरानी बनते देर न लगी। उसके यौवन और सौन्दर्य से चमत्कृत सम्राट् पति धर्म कहाँ निभा सका। सबसे अहम था उसका युद्ध से वीतराग हो जाना, पटरानी तिष्य रक्षिता जब पूर्ण शृंगार में होती तब अपने आपको दर्पण में देख रोष से जलने लगती। व्यर्थ है यह यौवन, यह सौंदर्य, यह स्वर्णमुकुट और स्वर्ण सिंहासन। वह अक्सर मुझे देख उन्मत्त हो जाती। कई बार धक्का देकर गिराने की चेष्टा की। वह तो मैं ही थी जो ठोस विशाल प्रस्तरखण्ड थी जिसे वह उलट न सकी। परंतु विदिशा में बैठे राजकुमार को राजकीय मुहरयुक्त पत्र भेज कर नेत्रहीन तो कर दिया। अशोक चण्डाशोक नहीं, देवानामप्रिय प्रियदर्शि अशोक विवश थे। चीवर–धारिणी स्त्रियों को देख आँखें बन्द कर लेने से सिंहली पट्टरानी का अट्टहास नहीं सुने यह कहाँ हुआ। मैं मात्र अपनी पथरीली आँखों से राष्ट्र की विकृति देख सकती थी जो स्त्री के बदलते स्वरूप जो राज्यलिप्सा, यौनकुंठा तथा प्रतिशोध से भरी थी।

मेरा संकट यही है, मैं राजसभा के राजसिंहासन के पार्श्व में खड़ी हूँ। यहाँ जो आती है उन्हीं की कथा कहती रहूँगी। हाँ कोई गाथा सुनाये तो अपनी अन्तर्चक्षु से देखकर कहूँगी। अभी तो तिष्य रक्षिता के नाम को बिसूर रही हूँ। जिसने इस सिंहासन पर बैठने से पहले सम्राट् कुणाल की आँखें नष्ट करवा दीं। एक और धृतराष्ट्र। यह विवश सम्राट् चीवरधारी था, निर्णय नहीं लेता, साम्राज्य क्या चलाता ? यह समय राजभवन तथा अन्तःपुर की स्त्रियों के वर्चस्व का युग रहा।

8

कुणाल के पुत्र बृहद्रथ कला में लीन रहते। सिंहासन पर बैठ नृत्य-संगीत तथा संगति करते। सेनापति पुष्यमित्र बारंबार उन्हें सचेत करते कि सेना को वेतन और सामग्री की आवश्यकता है।

"पर सेना की क्या आवश्यकता है? मैं तो पितामह के रास्ते पर चल रहा हूँ। मुझे नहीं चाहिए—"युद्धं देहि"

"परन्तु महाराज सीमाक्षेत्र के घुसपैठिये जंगल, खेत लांघते, गाँवों और नगरों तक घुस आये हैं। आप शांति से कैसे बैठे रह सकते हैं सिंहासन पर।"—इन आँखों ने देखा बलपूर्वक सम्राट को उठाकर सेनानायक ले जा रहा है युद्धभूमि। फिर सुना सम्राट् बृहद्रथ की हत्या कर सेनानायक शकों और पहलवों को खदेड़ने में सफल हुए।

गंगा से जल लाकर सिंहासन धोकर पवित्र किया गया पूरा राजभवन धुला। सम्राट की अन्त्येष्टि की गई। उनकी रानी पटरानी स्वयं संघाराम में चली गईं। सिंहासन के साथ-साथ मुझे भी गंगाजल से स्नान कराया गया। गंगा, गोदावरी, कृष्णा, रेवा, ब्रह्मपुत्र आदि नदियों का जल लाकर पलाशदण्ड हाथों में लेकर राजा सुदास की तरह बैठे सिंहासन पर सम्राट पुष्यमित्र शुंग ने वैदिक धर्म का पालन करते हुए स्वयं को परम भागवत के विरुद से अभिहित किया। सम्राट् पुष्यमित्र ने अपने धर्म की व्याख्या की, "गो ब्राह्मण हितकारी धर्म"—अत: उसी समय से वैदिक धर्म को ब्राह्मण धर्म कहा जाने

लगा। परन्तु अपनी पहली सभा में ही उन्होंने अपने शासन की स्थिति स्पष्ट कर दी कि यह एक "धर्मनिरपेक्ष राज्य होगा।" जो जिस धर्म में आस्था रखता है वह रखे। राजा का स्वयं का धर्म राजधर्म नहीं था। उत्तर वैदिक काल से चली आ रही विवाह की आठ व्यवस्थायें रहेंगी क्योंकि कौटिल्य के अर्थशास्त्र के आधार पर शासन की व्यवस्था रहेगी।

सम्राट ने अन्त:पुर के कलह को देखा था अत: स्त्रियों के अधिकार सीमित कर दिये गये। पति का धर्म ही पत्नियों का धर्म हो यह रूढ़ कर दिया गया। राजमाताओं का स्थान सुरक्षित था परन्तु उनको विधवा धर्म का पालन करना था। स्त्री उठकर सीधे संन्यास ग्रहण नहीं कर सकती। वह संन्यस्त भी घर की चारदीवारी में रहकर, व्रत-उपवास करती हुई होगी। स्नान, ध्यान की वैदिक महत्ता नये रूप में लौट आई। राजा के घर की तरह जनसाधारण के घर में भी वैसी ही अवस्था थी।

सिंहासन तथा राज सभा वही थी। चँवरवाहिनी पूर्ववत खड़ी आँखें खुली रखे सब कुछ देख रही थी। इस स्थान पर कई बार मुंचित मुंड की श्वेताम्बर श्रामणी आकर प्रवचन देती थी। कई बार काषाय वस्त्रधारिणी श्रमणी, वाणी सुनाती कि—"वीणा के तार इतने न खींचो कि वह टूट जायें बजने के पहले और न इतना ढीला ही छोड़ो की स्वर ही न निकले।" अब वह सब समाप्त हो गया। सभा भवन में आसन पर महाराज-महारानी तथा राजमाता बैठतीं ज़रूर परन्तु नि:शब्द! यह समय नि:शब्द रहने का था। स्त्रियाँ अपना स्वर खोने लगी थीं। प्रथम सदी पूर्व स्त्री को एक नये अध्याय की ओर ले जाया जा रहा था।

सम्राट को सहसा भान हुआ था कि बिना स्त्री को चारदीवारी में सीमित किये पारिवारिकता नहीं लौटा सकते और यदि परिवार संगठित न हुए तब समाज विच्छिन्न हो जायेगा। संगठित समाज राज्य में अनुशासन के लिए आवश्यक था। यह सब राष्ट्र के लिए ही हो रहा था। स्त्री-शिक्षा जारी थी परन्तु रूप बदल रहा था। वह धीरे-धीरे सीमित हो रही थी। *मनुस्मृति* लिखा जा रहा था। *मनुस्मृति* में, स्त्री को प्रतिष्ठा दी गई थी—"यत्र नार्यस्तु पूज्यन्ते

रमन्ते तत्र देवता:'' मतलब स्पष्ट था कि वैदिक धर्म की पुनर्स्थापना करने के लिए उनके महत्त्व को ऊँचा बताया गया।

पुष्यमित्र, अग्निमित्र, वसुमित्र के राज्य तक चातुर्वण्य की स्थापना हो गई। लुहार, बढ़ई, सुनार वगैरह भी आ गये। अर्थात् काम करने वालों का वर्गीकरण हो गया। पति की पूजा में, यज्ञ में स्त्री की भागीदारी सुनिश्चित हो गई। स्त्री लक्ष्मी, सरस्वती, दुर्गा के रूप में प्रतिष्ठित हो गई। सम्राट् ने बहुत दिनों के बाद अश्वमेघ यज्ञ किया। भारी मात्रा में शक पहलव लोगों को सनातन धर्म में दीक्षित किया गया। उन सब की जीवन पद्धति, वस्त्र-विन्यासादि स्त्रियों ने भी अपना लिया। वे थोड़े सनातनी हुए तो सनातनी थोड़े से शक पहलव हो गये।

शुंग के बाद कण्वों का राज्य आया। समाज और शासन में कोई फेरबदल नहीं हुआ क्योंकि कण्व भी ब्राह्मण शासक हुए। दक्षिण के सातवाहन शासक उत्तर भारत की ओर आकृष्ट हुए। गौतमी पुत्र शातकर्णी ने मगध पर विजय पाई और वह सशक्त शासक सिद्ध हुआ।

अंगनरेश की पुत्री नयनिका अपनी सखियों संग सागर दर्शन को गई। कथा है कि वह लहरों में बह गई थी। गौतमी पुत्र शातकर्णी किसी समय आखेट करते भटक गये थे। उन्होंने नयनिका को बचाया और उस पर आसक्त हो गये। उसे प्राप्त करने के लिए उन्हें युद्ध लड़ना पड़ा, जीत हासिल हुई। इस प्रकार शातकर्णी एक विशाल साम्राज्य के स्वामी हुए। पाटलिपुत्र के उस प्राचीन सिंहासन पर उस राजसभा में बैठने आये पहले दाक्षिनात्य नरेश थे। यदि यक्षिणी के वश में होता तो बार-बार पलकें झपका कर देखती। राजसभा में राजमाता गौतमी का गुरुगंभीर तथापि भव्य स्वरूप, दक्षिणी साड़ी बाँधे हाथ में जप की माला लिए बैठी। दक्षिण में सनातन धर्म की जड़ें अधिक गहरी थीं। स्त्रियाँ शस्त्र और शास्त्र दोनों सीखतीं। इधर बहुत दिनों से उत्तर भारत में एक बिखरापन सा था। स्त्रियाँ घरों, महलों से अधिक थेरी ही बन कर रहना पसंद करने लगी थीं। वे घर के बंधन को वृथा समझने लगी थीं। सो परिवार टूट गये थे। शुंग वंश और कण्व वंश ने ब्राह्मण धर्म की स्थापना

के सिलसिले में कुछ अधिक बंधन में आबद्ध कर दिया था। शातकर्णी के शासन काल में एक संतुलन हुआ। गौतमी माता ने स्त्री-शिक्षा पर अधिक ध्यान दिया। आश्रमों की अलग से व्यवस्था हुई। ऐसे ही समय दक्षिणात्य शिक्षिकायें मगध साम्राज्य की भूमि पर पदार्पण कर रही थीं। उत्तर और दक्षिण का वैदिक ब्राह्मण धर्म एकाकार हुआ। पाटलिपुत्र, कोशी से लेकर प्रतिष्ठान तक जहाँ तक सातवाहन साम्राज्य था वहाँ तक बालिका शिक्षा के आश्रमों की नींव पड़ गई। यद्यपि ये सारे सनातनी थे परन्तु स्वधर्म पालन करने की छूट थी। राजा के धर्म की ओर अक्सर लोग आकर्षित होते हैं। विदेश से आये हुए लोग सनातन धर्म में शातकर्णी के काल में भी प्रवेश ले रहे थे।

महारथी त्रयितकरो

अंग राज्य की रानी थी जिसके बाहुबल का आतंक पसरा था। मगध साम्राज्य को शातकर्णी के आने के बाद अंग कर नहीं देता। इसी सिलसिले में शातकर्णी आखेट के बहाने आक्रमण करने गया। बीच में ही राजकुमारी नयनिका को डूबने से बचाने गये राजा कामदग्ध हो बैठे। प्रेम निवेदन का समय भी न मिला कि घोड़े पर सवार महारथी त्रयितकरो धनुष बाण लिए आ उपस्थित हुई। बहुत सारे दक्षिणात्य भटों को एक साथ देख मन ही मन भयभीत हुई। प्रकटतः पूछा—

"कौन हो तुम? यहाँ क्या कर रहे हो?"

"हम आखेटक हैं। यहाँ से चीत्कार की ध्वनि सुनी तो आये। राजकन्या डूब रही थीं, उन्हें बाहर निकाला। अब लौटते हैं; आज्ञा दें।"—शातकर्णी ने कहा।

"अंग की सीमा है यह उत्कल सागर तट। तुमने अतिक्रमण किया है, युद्ध करो; मैं यूँ ही जाने न दूँगी।"—धनुष की प्रत्यंचा पर महारथी त्रयितकरो ने तीर संधान किया। उसने लम्बी वेणी का ऊँचा जूड़ा बना रखा था। माथे पर केयूर और टीका था जगमग सुवर्ण का। नाक में लौंग तथा बड़ी सी रक्तिम बिंदी। प्रलम्ब देहयष्टि, मांसल भुजदंड जो वीर पुरुष को

भी कुंठाग्रस्त कर दे। यह अंग देश की महारानी अवश्य उत्कलवासिनी कन्या है। कारण स्पष्ट है, इसने अधोवस्त्र लांग लपेट कर पहन रखा है। हाथ में शंख की चूड़ी है। शातकर्णी ने अपने बचाव के लिए तीर-धनुष तान लिए तथा सम्बोधन किया—

"हे मातृस्वरूपा महारानी, मेरा अपराध क्या है? क्या अंग कन्या को डूबते से बचाना?"—तब तक महारथी त्रयितकरो की दृष्टि शातकर्णी के त्रिपुण्ड चंदन और बाँहों के चंदन वलय पर पड़ी। उसने धनुष नीचे कर पूछा।

"तुम ब्राह्मण हो क्या?"—शातकर्णी ने झुककर प्रणाम किया। स्वीकारोक्ति थी यह।

"शिकार करने क्यों आये?"

"मृगछाला तथा व्याघ्रचर्म के लिए माता।"

"तुम योद्धा दीखते हो, क्या नाम है?"—थोड़ी देर तक विचारते रहे महाराज फिर कहा—

"मैं गौतमीपुत्र शातकर्णी हूँ।"—त्रयितकरो उछल कर घोड़े से उतर गई। इसकी आँखें विस्फारित थीं। स्नानार्थी कन्यायें अचम्भित थीं। एकमात्र नयनिका मुग्धभाव से शातकर्णी को देखे जा रही थी। शातकर्णी ने तत्काल प्रस्ताव दिया—

"माते, यदि असौकर्य न हो तो मैं अपने हृदय की बात करूँ?"

"सम्राट शातकर्णी और हृदय? आप तो युद्धाजित हैं।"

"शिरोधार्य है माता; परंतु मेरी सुन लें।"

"भागवत धर्म के अनुयायी हैं सो कपट तो नहीं करेंगे, कहें सम्राट।"

"मैं उस उत्कलकन्या का हाथ मांगना चाह रहा हूँ। उनके माता-पिता को तो नहीं जानता परंच आप अपने पूरे राज्य की अभिभावक हैं, अत:...।"

त्रयितकरो हँसी।

"वह मेरी ही पुत्री है नयनिका।"

शातकर्णी ने पुनः प्रणाम किया।

"तब आग्रह उचित स्थान पर पहुँचा।" अंग कन्या क्षत्रियकुल की थी, परंतु भागवत धर्म में अनुलोम विवाह प्रचलित था। दोनों का विवाह हो गया। इस प्रकार गौतमीपुत्र शातकर्णी अंग और उत्कल के पूर्वी भाग के स्वामी हो गये। पाटलिपुत्र के सिंहासन पर एक वीर सम्राज्ञी का बैठना हुआ।

भागवत धर्म का पालन करते हुए सातवाहन राजाओं की स्त्रियाँ वीर और विदुषी थीं। दक्षिण की सभ्यता और उत्तर की संस्कृति मिल कर एक ओजस्वी नारी का जन्म हुआ। उज्जयिनी के शासक शकराज रुद्र दामन की पुत्री से वाशिष्ठीपुत्र पुलुमावी ने विवाह किया। भागवत धर्म होते हुए भी समाज उदार था। अन्तरजातीय विवाह हो रहे थे। बड़ी संख्या में बाहर से आये जरथुस्ट्रियन भागवत धर्म में दीक्षित हो रहे थे। स्त्रियाँ प्रेम तथा विवाह करने को स्वतंत्र थीं। बहुत आनंद का काल था। सब धर्म भारतीय, सब स्त्रियाँ माननीया।

देशी परदेशी मिल सकारात्मक दिशा में था। गौतमीपुत्र के न रहने तथा सन्तानों के अवयस्क होने के कारण महारानी नयनिका ने राजकाज संभाला। अब वह किसी से कमतर नहीं थी। यह वह समय था जब कन्यायें शस्त्र और शास्त्र की शिक्षा ले रही थीं। यह परिवर्तन अवश्य शक, पहलव, कुषाण के आक्रमण के फलस्वरूप हुआ होगा। प्रत्येक स्त्री को आत्मरक्षार्थ युद्ध रीति और नीति की शिक्षा दी जाने लगी थी। भागवत धर्म की पुनर्स्थापना करने वाले पुष्पमित्र ने यह कोई नया कार्य नहीं किया था। ईस्वी सन् छठी सदी पूर्व में भी स्त्री सेना थी सो उसे ही पुनर्प्रतिष्ठा मिल रही थी।

इस तरह से नवीन पश्चिमी हवा के सम्मेलन से प्राचीन सभ्यता, संस्कृति का अंश ही दुहराया जा रहा था।

राजभवन कई सुन्दर कलाकृतियों से पूर्ण हुआ था। पुष्यमित्र ने यक्षिणी की मूर्तियाँ बहुतायत से बनवाईं। वे अब कई रूपों में प्रस्तुत थीं। शालमंजिका

का रूप सम्मोहक था। तन्वंगी कोमलांगी बलुआ प्रस्तर खंड में कैसे आकार पाती हैं वह दर्शनीय रहा परन्तु हमारी तरह चमक कहाँ। मैं गर्व से भर उठती कि युग, युगान्तर तक दर्शक उन सुगठित मूर्तियों को देखेंगे, अटकेंगे पर अन्ततः मुझ चँवरवाहिनी के निकट टिक कर खड़े रहेंगे।

कुषाण सम्राट कनिष्क तक आते-आते राज प्रासाद की स्त्रियाँ नवीन केश तथा वस्त्र विन्यास करने लगीं। स्वयं तथागत की मूर्तियों पर भी रोमन-ग्रीक यानी यूरोपियन प्रभाव पड़ने लगा। अब भारतीय स्त्रियाँ कैसे अछूती रह सकती थीं? यह ईस्वी सन् की पहली सदी थी। यहाँ के प्राकृतिक सौंदर्य प्रसाधन की ख्याति यूरोप में हो चुकी थी। वहाँ के लोग सुवर्ण मुद्रा देकर सौंदर्य प्रसाधन खरीदने लगे। यह व्यापार चल निकला।

पाटलिपुत्र का भवन जर्जर हो गया था। खारवेल के आक्रमण से त्रस्त सम्राट प्रायः राजगृह को राजधानी के रूप में व्यवहार में लाते। श्रीगुप्त ने साम्राज्य का जब सपना देखा तब पुनः इस भवन की स्थिति सुधरी। जीर्णोद्धार के बाद यही सभा रही। श्रीगुप्त की वीरता देख वैशाली के लिच्छवी संघपति ने अपनी बेटी कुमारदेवी का हाथ दे दिया। पाटलिपुत्र में गुप्त साम्राज्य का उदय हो गया। चन्द्रगुप्त प्रथम के पुत्र ने दिग्विजय कर पूरे उत्तर से दक्षिण, पूरब से पश्चिम को एक राष्ट्र में बदल दिया। राज्य का शासन ठीक से चले, पश्चिम की चुनौतियों का सामना कर सके इसलिए श्रावस्ती को राजधानी बना लिया। गंगा की धारा ने प्राचीन पाटलिपुत्र को काटना शुरू कर दिया। महल धराशायी होने लगे। सिंहासन यक्षिणी सब ढह गये। शिला जल से बड़ी नहीं, मैं जल में चली गई। जल के वेग ने मुझे उलटा-पलटा पर एक स्त्री, वह भी प्रस्तर खंड को बहा ले जाना सहज तो नहीं। मेरी नियति यही है, मैं यह तट छोड़ कहाँ जाती। जाना भी नहीं था। क्षिति जल और पवन कानों में कुछ कह जाते। समुद्रगुप्त की माता कुमारदेवी स्वयं शिक्षित भागवत धर्म से दीक्षित, सर्वत्र सुसंस्कृति की बयार बहती। सशक्त सैनिक, सुरक्षित सीमायें, मेघ जल बरसाते हों, फ़सलें पूरी होती हों तभी तो कलायें पनपती हैं। सम्राट समुद्रगुप्त के निधन के बाद उनका बड़ा बेटा रामगुप्त सिंहासनारूढ़ हुआ।

समुद्रगुप्त ने कश्मीर पर विजय पाई थी। कश्मीर के राजा ने अपनी पुत्री उनको पुत्रवधू बनाने को दी थी। रामगुप्त जो वीर कतई नहीं था ने ध्रुवस्वामिनी से विवाह तो कर लिया पर रख न सका। उसका छोटा वीर भाई चन्द्रगुप्त भालवा में था। उसे आने तक शकराज ने रामगुप्त को युद्धबंदी बना लिया तथा ध्रुवस्वामिनी पाने के बदले मुक्त करने की शर्त रख दी।

ध्रुवस्वामिनी

ध्रुवस्वामिनी वीर, बुद्धिमती सुंदरी कश्मीरी कन्या थी। उसने और चन्द्रगुप्त ने मिलकर मंत्रणा की तथा शकराज एवं रामगुप्त का वध कर दिया। रामगुप्त के बाद चन्द्रगुप्त ने राज्यारोहण किया। ध्रुवस्वामिनी का पाणिग्रहण कर महारानी बनाया। कला और कौशल की वृद्धि होने लगी परंतु स्त्री की स्थिति क्या वही रही जो प्राचीन काल में थी?

अब स्त्री की स्थिति यह थी कि वह पति की छाया थी। ऐसी अवस्था में एक पुरुष की कई-कई पत्नियाँ थीं। राजा की एक पट्टमहिषी होती अन्य कई रानियाँ थीं।

साहित्य/संस्कृति का वृद्धि करने वाले सीमा को सुरक्षित रखने वाले सम्राट् चन्द्रगुप्त विक्रमादित्य विरुद धारण करने वाले थे। भागवत धर्म की पुर्नस्थापना के समय कथा-उपकथाओं का निर्माण हुआ। यह सिलसिला सातवाहन के समय से ही चल रहा था।

प्रत्यक्ष देवता सूर्य की पत्नी संज्ञा के साथ छाया की कथा जुड़ गई। यह स्त्री के खंडित स्वरूप को दर्शाता है। पुरुष अपने को सूर्य समझ बैठा, स्त्री संज्ञा है जो नेपथ्य में चली गई, छाया का वर्चस्व बढ़ गया। पुरुष-सूर्य को छाया की भी अपने काम भर आवश्यकता रहती है। छाया अंधेरे में विलीन हो जाती है। शनैः-शनैः स्त्री की स्थिति वैसी ही विलोपित हो जाने की बन गई।

कालिदास ने सम्राट दुष्यन्त और शकुन्तला की कथा रचकर सामने कर दिया। शकुन्तला वनकन्या है। सुन्दरी, शिक्षिता, ग्रामीण भावुकता से भरी हुई स्त्री जो पुरुष, वह भी सम्राट पर सहज विश्वास कर लेने वाली। कवि ने

अलंकार सहित स्त्री को उकेरा, गंधर्व विवाह जो शास्त्रोक्त है का उदाहरण प्रस्तुत कर दिया। परंतु सम्राट ने शकुन्तला को पहचानने से इनकार कर दिया। वहाँ एक सम्राट बैठा था, सामने एक वन कन्या खड़ी थी अकिंचन, बेसहारा। सम्राट जो सूर्य है सूर्यवंशी तो है ही ने क्या एक साधारण कन्या से प्रेम निवेदन किया होगा? यह तथ्य सभासदों को, अपनी प्रजा को, सोचने के लिए विवश कर दिया था। अब शकुन्तला की बारी थी प्रतिरोध करने की। उसे राजा के दान पर नहीं रहना है, वह तो अपना अधिकार चाहती थी, उसकी सन्तान को पिता का नाम चाहिए। वह पुनः वन में लौट गई। कालिदास ने दुष्यंत को आगे संतानहीन दिखाया है। उसे भरत का पता चल गया तब शकुन्तला को क्षमा मांगकर राजभवन ले आये। उस भरत के कारण जो उसका उत्तराधिकारी था। शकुन्तला के लिए नहीं, जल में पड़ी बालुकाराशि में मुँह दबाये यह यक्षिणी विचारती है कि स्त्री मात्र गर्भ रह गई है, उसका स्वयं का अस्तित्व गौण हो गया। तभी लिखा गया—

पिता रक्षति कौमारे, भर्त्ता रक्षति यौवने
रक्षन्ति स्थविरे पुत्रा
स्त्री न स्वातंत्र्यम्अर्हते

स्त्री का धन मात्र स्त्रीधन रहा। सारे के सारे अधिकार विलीन हो गये। उनके पर कतर दिये गये उन्हें पता भी न चला। बौद्ध हो जाने, थेरी बन जाने की छूट वहाँ थी। भागवत धर्म के अतिरिक्त थेरी तथा साध्वी श्रमणी जैन धर्मावलम्बी स्त्रियों में जारी था। यह नहीं था कि समझ-बूझकर शिक्षित होकर स्त्रियाँ थेरी या श्रमणी बन जाती थीं। उन्हें तो बाल्यकाल में ही दान कर दिया जाता था। कतिपय थीं जिन्होंने वयस्क होने पर स्वेच्छा से गृह त्याग किया हो।

दक्षिणी स्त्रियाँ अधिक स्वतंत्र दीखतीं परंतु ऐसा था नहीं। मंदिरों में बालिका को दान करना जघन्य था। प्रस्तर, धातु के भगवान के साथ कन्याओं का पाणिग्रहण कराया जाता तथा जीवन भर के लिए वे बंधकर रह जातीं। यह सब चोल-पांड्य सरीखे शक्तिशाली नरेशों के समय में सबसे अधिक

हुआ। उनकी स्थिति रूपाजीवा की हो गई। बालुकाराशि और जलप्रांतर में पड़ी मैं बलुआ प्रस्तर मूर्ति सम्मानित स्त्री को देख-सुन कर दोगुनी चमक से आभासित हो जाती। मुझे लगता मेरे ऊपर एक बार और ओप लगाया है। मैं उछाह में गंगा की लोल लहरियों से आगे निकल जाती। कालिदास की विदुषी पत्नी विद्योत्तमा की कीर्ति सुनी जिसके अपमान के कारण वे कालिदास हो गये। स्त्री की महिमा का नया स्वरूप। यह तय था कि अब तक पति चुनने की स्वतंत्रता थी। ऐसे ही समय संयोगिता का आना होता है। पड़ी-पड़ी मैं विचारती रही कि संयोगिता-स्वयंवर इस भूभाग के लिए अनिष्ट कारक सिद्ध हुआ। स्वयंवर रचा जा रहा था उसके वीर पिता जयचंद के द्वारा। पूरब पश्चिम उत्तर दक्षिण के राजकुमार आये परंतु संयोगिता के मनोवांछित राजकुमार वीर पृथ्वीराज चौहान बुलाये न गये। जयचंद की पृथ्वीराज से शत्रुता जगज़ाहिर थी। संयोगिता ने पृथ्वीराज को पत्र लिखा कि मुझे हरण कर लो। पृथ्वीराज चौहान ने संयोगिता का हरण कर लिया। जयचंद की तथा अन्य राजाओं की सेना उनका कुछ न बिगाड़ सकी। पृथ्वीराज चौहान दिल्ली की गद्दी पर बैठा, संयोगिता महारानी थी। जयचंद से यह देखा न गया। विदेशी आक्रांताओं को सहायता देकर दिल्ली का तख्त हासिल करवा के दम लिया। जिस सीमा को सुरक्षित रखने में सदियों से राजे-महाराजे साकांक्ष रहे, उसे खीर के थाल की भांति परोसकर दे दिया जयचंद ने। सो संयोगिता का विवाह एक घोर विपत्ति लेकर आया।

इस्लाम का उदय तथा उनकी वृद्धि को कौन रोक सकता था? शासक के निर्बल होने, मित्रघात होने के कारण कभी भी आ सकता था पर वह प्रवेश करता है एक खंडित देश में। उनका तौर-तरीका बिल्कुल भिन्न था। उनका रहन-सहन, खान-पान, शिक्षा-दीक्षा सब भिन्न। युद्धरत व्यक्ति के सामने शक्तिशाली का महत्त्व होता है। स्त्री मात्र गर्भ थी। उसमें शक्ति की कल्पना की ही नहीं गई। स्त्री को परदे में देख रहे थे। परंतु कुछ ही दिनों बाद भारतीय मिट्टी में जन्मी जो बेहद सक्षम थी को सत्ता की बागडोर थमा दी।

वह थी रजिया सुल्तान। रजिया को सुल्तान के रूप में देखकर परंपरावादी मुस्लिम जल-भुन कर खाक हो गये। उन्होंने उसे जीने न दिया। परंतु एक अध्याय ऐसा भी हो सकता है इसका अंदाज़ा हो गया। स्त्री कुशल शासक, योद्धा हो सकती है यह जानकर उसे हरम में धकेल दिया गया। शासक के अनुरूप प्रजा हो जाती है। अब उत्तर भारतीय स्त्रियाँ अपना सर और चेहरा ढँकने लगीं। परदा घूंघट रूढ़ हो गया। पूरी जीवन पद्धति बदल गई।

जो सिलसिला कौलाचारी तथा तन्त्रयानी श्रमणों के कारण शुरू हुआ था स्त्री के सन्दर्भ में वह अनायास गर्त में पहुँच गया। स्त्री अस्तित्वहीन हो गई। वह रानी, दासी, गोली, वेश्या होने लगी। मठ में, मंदिरों में, पूजा स्थलों में भी स्त्री सुरक्षित कभी नहीं थी।

कालिदास को अपमान से विपुल साहित्य मिला तो तुलसी के इलहाम से कालजयी साहित्य प्राप्त हो गया। कहते हैं कि तुलसीदास की पत्नी रत्नावली ने उन्हें भक्ति काव्य रचने की प्रेरणा दी। रत्ना निश्चय ही स्त्री की दशा और दिशा से चिंतित होगी। मनस्वी नारियों की क्या कमी थी। तुलसी ने अपने तत्कालीन भारत पर नज़र डाली। समाज को जाग्रत करने को धीरोदात्त नायक राम का चयन किया। सीता उन्हें समयानुकूल लगीं। *वाल्मिकि रामायण* तथा लोक व्याप्त कथायें समिधा बनीं, यज्ञ शुरू हो गया। सहज सुगम भाषा में राम की अनुगामिनी राजरानी सीता का चित्रण कर डाला। वह एक युगबोध को प्रभावित करने वाला काव्य सिद्ध हुआ। सीता का चरित स्त्रियों में आरोपित कर दिया गया, करुणा विगलित असहाय राम की मुखापेक्षी सीता। भारतीय स्त्री का सम्पूर्ण परिवर्तन हो गया। जितना नुकसान परदे की नवीन व्यवस्था ने नहीं किया उससे अधिक तुलसीदास की सीता ने कर डाला। भारत के इस त्रिकोण को सांस्कृतिक रूप से एक करने की अनेक कोशिशें की गईं। राम-रावण युद्ध से यह चेष्टा सफल हुई। अयोध्या के राजकुमार राम भावी राजा थे, सीता उनकी धर्मपत्नी और लक्ष्मण छोटे भाई थे। माता कैकेयी के द्वारा वन जाने की आज्ञा के कारण वे उत्तर से दक्षिण की ओर चले। बीच में अनेकानेक ऋषि-मुनि, जनजातियों से मैत्री बढ़ाते हुए पंचवटी में कुटी बनाई।

उनकी ख्याति तथा रूप-रंग देख दक्षिणी राजकुमारी शूपर्नखा ने प्रणयनिवेदन किया। यह उनकी सभ्यता में शामिल था। कन्यायें अपने लिए वर चुन सकती थीं। पहले भी सावित्री अपने लिए वर के संधान में स्वयं घूम रही थी एवं सत्यवान को अपने निमित्त चुना था सो शूर्पनखा के लिए कोई अस्वाभाविक न था। अयोध्यावासी उत्तर के राजकुमारों के लिए यह सब अजूबा था। उन्होंने उसे अपमानित कर दिया। अपमान के फलस्वरूप रावण सीता को हर ले गया था। राम-रावण युद्ध और उसका राजनीतिक परिणाम कुछ विशेष न निकला। क्योंकि राम ने सुदूर लंका में अपने पैर न पसारे बल्कि रावण के भाई विभीषण को सत्ता सौंप दी। परंच उत्तर दक्षिण की सभ्यता संस्कृति का मिश्रण हुआ, आवाजाही बढ़ी, वैवाहिक सम्बंध होने लगे।

स्त्री की स्थिति क्या रही उस समय? शूर्पनखा को अपमानित करने में कोई संकोच नहीं, सीता को बलपूर्वक हरण करने में पुरुषार्थ। लौटकर आई सीता को समाज के कारण राम जो स्वयं राजा थे ने त्याग दिया। संस्कृति का अत्यंत क्षोभकारी काल था जहाँ स्त्री पत्नी रूप में स्वतंत्र नहीं थी।

स्त्री की स्थिति इतनी बिगड़ गई कि *महाभारत* काल में मानो वह राजाओं के हाथों का खिलौना रह गई। एक धीवर केवट स्त्री का बीच नदी में मनस्वी, ज्ञानी ऋषि द्वारा लगभग बलात्कार होता है। उससे कृष्ण द्रैपायन नामक पुत्र पैदा होता है। उसी कन्या सत्यवती को वृद्ध राजा शान्तनु से विवाह कर अशक्त, प्रमेही पुत्र विचित्रवीर्य और चित्रांगद पैदा करना पड़ता है। अपने कमज़ोर भाइयों के विवाह के लिए कन्या अपहरण कर वीर भीष्म लाते हैं। उनसे कन्या विवाह का निवेदन करती है तो वे उसे नकार देते हैं। स्त्रियों का अपमान संचित होता रहता है। भीम ने जिस जनजातीय कन्या हिडिम्बा से विवाह किया उसे कभी राजभवन न ला पाये। उसके पुत्र घटोत्कच तथा पौत्र बर्बरीक का बिना वजह वध हो जाता है, आर्यपुत्रों को बचाने के लिए। हिडिम्बा की संतान स्वीकार्य नहीं थी। सुसंस्कृत सभा कैसी थी कि एक स्त्री जो सब की कोई-न-कोई लगती थी राजसभा में नंगी कर दी गई। अपना कोई भी न कुछ बोला। मित्र सखा कृष्ण ने तन ढँका और उसे निर्वस्त्र होने से बचा लिया। अतः भूमि के लिए स्त्री जिसे अब तक भूमि की संज्ञा दी

जाती थी की बलि दी जा सकती थी। स्त्री अब एक मोहरा हो गई थी, विनिमय की सामग्री। मैं एक बलुआ प्रस्तर खंड, मौर्यकालीन शिल्पी के हाथों गढ़ी गई राजसभा भवन के सिंहासन किनारे खड़ी चँवरवाहिनी, प्राकृत रूप से गंगा तट की लोल-लहरियों के कटाव से धराशायी हुई। कभी इसी तट पर प्रस्तर खंड की भांति कहीं से ले आई गई थी। मूर्तिमान हो प्राणवंत हुई थी। बहुत दूर जा न सकी। अपने पाटलिपुत्र को छोड़ना बेहद कठिन था। पाटलिपुत्र जिसने पूरे राष्ट्र को आकार दिया, शासन किया या शासित हुआ पर अपनी बान न छोड़ सका। सदा निर्लिप्त रहा। जिसके सम्राट को तामझाम नहीं चाहिए, जिसके गुरु नियन्ता को जीवन-यापन से अधिक कुछ न चाहिए। पर ठहरिये, वे निर्लिप्त व्यक्ति कितने निर्मम हो सकते हैं उसका कोई सानी नहीं। सम्पूर्ण राज्य अक्षुण्ण रखने के लिए मात्र तीर, तलवार, भाला, बर्छा न चाहिए था। उन्हें तो छल से भरी स्त्री चाहिए। जन्म होते ही कन्या को विषकन्या बनाने का उद्योग प्रारंभ हो जाता। विषकन्या अपने विरोधियों को नष्ट करने को प्रयोग में लाई जाती परन्तु वह स्वयं कितने कष्ट में होती यह देखा है? जब समझ में आया कि प्रस्तर मैं नहीं वे नियन्ता हैं जो दावा करते हैं राष्ट्रनिर्माण का, जो वादा करते हैं योगक्षेम का। सिंहासन के पार्श्व में खड़ी मैं सब कुछ देख सकी, कुछ न कर सकी। वैसे भी स्त्रियाँ प्रस्तर के अतिरिक्त थीं क्या!

पश्चिमी आँधी में सब कुछ बह गया। अब सामान्य स्त्रियाँ अवगुण्ठन में रहने लगीं। परदे का भारी दबाव हो गया। स्त्री का पूरी तरह अवमूल्यन हो गया। वह जितने बड़े सशक्त पुरुष की छाया में रही उतनी ही असुरक्षित हो गई। गंगा तट पर व्यापारियों की नाव लगती तो उनकी बातें सुन मैं बिसूरती रहती। सुनने में आता कि भावी अत्याचार की आशंका से स्त्रियाँ अग्निकुंड में कूद कर जान दे देतीं। पति के शव के साथ जल मरतीं और उसे जौहर तथा सती कह कर महिमामंडित किया जाता। स्त्रियों की स्थिति गाय-बकरी से भी बदतर हो गई। उनके लिए अन्धकार ही था चहुँ ओर। पीढ़ी-दर-पीढ़ी चारदीवारी

में बंद बाहर की दुनिया क्या जाने? खेतों में काम करने वाली, आंगन घरों में सेवा करने वाली भी तो उन्हीं के नक्शे कदम पर चलतीं। थोड़ी सी मुक्त अवश्य हो गई थीं।

परन्तु स्वातंत्र्यचेता तथा प्राचीन ग्रन्थ के अध्येता लोग अब भी थे। संस्कृति और शिक्षा की वह्नि कभी भी राख के भीतर से फूट कर ज्वाला बन सकती है। अत: विभिन्न प्रकार की शिक्षा, ग्रन्थ दिशा देने को थे। कोई भी शास्त्र, मनुष्य चाहे वह स्त्री ही क्यों न हो तथाकथित दलित ही क्यों न हो उतने अधिक निर्मम नहीं हो सकते जितने शासक होते हैं। सामान्यजन के इतिहास का कुछ खास पता नहीं। नाविक भी कहाँ बातें करते।

मुगल शहजादियाँ जिनके चारों ओर जन्नत बिखरी हुई थी अपने मन का कुछ न कर सकतीं। कहाँ तो नूरजहाँ का शासन चला करता था, कहाँ अगली पीढ़ी की शादी तक न हो सकी। उन्हें पढ़ना-लिखना आता है सो वे अपनी कहानी खुद लिख रही हैं। ओह मुझे तो लग रहा है ताकत आयेगी यदि ये चाहें; मेरी तरह प्रस्तर खंड तो नहीं।

स्त्री, जो माँ है, जिसका एक युग रहा है, जिसे जगदम्बा समझा गया, उसे दीवार के अंदर बंद कर अधिक नहीं रखा जा सकता है। सन्तानोत्पति, गृहशोभा तथा संचालनकर्त्ता वह है तब उसे एक सीमा से अधिक तुच्छ नहीं समझा जा सकता है। उनकी संवेदना भाँप कर उन्हें महिमामंडित करने की भावना का उद्भव हुआ, तभी लिखा गया 'यत्र नार्यस्त्रु पूज्यन्ते रमन्ते तत्र देवता'। पति के लिए, पुत्र के लिए, गृहस्थी के लिए, पशुधन के लिए व्रत-त्योहारों का नियमन हुआ। जैसे-जैसे वर्ग और वर्ण विभाजन हुआ वैसे-वैसे स्त्रियों का रूप बदलने लगा। राजाओं के रनिवास होते, ज़मींदारों की हवेलियाँ, सुल्तान, नवाबों के हाथ होते, जिसमें गाय गोरुओं की तरह स्त्री खूँटे में बँधी थी। वे सोना, रूप की ज़ंजीर में बँधी थीं। सम्पन्न किसान, व्यापारी और गोपालक वगैरह की औरतों को गहनों से लदा रहना होता। उन्हें समझाया जाता कि ये गहने सम्पन्नता की निशानी हैं। नाक में बड़े बुलाक, नथ-सुहाग की निशानी। गले में भारी हँसली, कमरबन्द, हाथों में बाजूबन्द,

कलाइयों में पहुँची, कड़े, सब भारी-भारी। पैरों में कड़े, छड़े। जिन्हें बाहरी काम करना था वे कड़े, छड़े ऊपर कपड़ों से बाँध लेतीं। इतने भार के साथ वे सदा रहतीं। यद्यपि उन पर दूसरा विवाह करने पर कोई प्रतिबन्ध नहीं था कभी, परंतु समझाया गया कि पहला पति ही भगवान ने भेजा है। बाकी तो बस यूँ ही साथी है नदी नाव संयोग।

क्या यह संयोग मुझे भी ले जायेगा कहीं? क्या मैं किसी सम्राट की सभा में सिंहासन को सुशोभित करूँगी? सोचती है यक्षिणी। स्त्री कनीज़ बन गई। बेगमें भी शहंशाह सुल्तान के सामने अपने आप को कनीज़ ही समझ रहीं।

मैं एक बलुआ प्रस्तर खंड बाहर आकर अपनी पथराई आँखों से देखना चाहती थी कि अनारकली रही कनीज़ कैसे जीते जी दीवारों में चुन दी गई। कैसे बिगड़ैल शहजादे ने अपनी हवस पूरी करने को नूरजहां के खाबिन्द का कत्ल किया। पर शोक से उबर कर नूरजहाँ ने वहशी और हवस के मारे शहंशाह को अपने कब्ज़े में ले लिया।

नूरजहाँ

नूरजहाँ बेहद जहीन, कलावंत और शिकारी स्त्री रत्न थी। वह तरह-तरह की पोशाकों के डिज़ाइनर के तौर पर जानी जाती है। अरब और ईरान से आई जातियों की मजबूरी थी कि वे चोंगेनुमा वस्त्र पहनें। क्या स्त्री, क्या पुरुष। धूल भरी आँधी से बचने का वही एक तरीका था। पर आदत तो आदत होती है। वे यहाँ भी वैसा ही वस्त्र पहनते। भारत के राजाओं की ठाठदार पोशाक भी आकर्षित करती। स्त्रियों में अधिक और विभिन्न वस्त्र-विन्यास थे। नूरजहाँ ने कुरते, गरारे, शरारे, लहंगे और ओढ़नी का डिज़ाइन बनाया। यहाँ तक कि बुरके को भी खूबसूरती प्रदान की। नूरजहाँ ने गुलाब का इत्र ईजाद किया। कला कौशल में स्त्रियों को लगाया। नूरजहाँ के समय में हरम की औरतें खुशहाल हो गई थीं। वही नूरजहाँ अपनी क्रूरता के लिए जानी जाती थी। उसी ने जहांगीरी घण्टा लगवाया था जो ज़ाहिरा तौर पर रियाया के हालते अहवाल जाँचने के लिए था पर था जुल्म ढाने को। नूरजहाँ प्रकृति प्रेमी थी पर मगरूर भी बेहद थी। तारीखें शहंशाहों की, सम्राटों की हुआ करती हैं सो बेगमों की अच्छी-बुरी

सभी कारस्तानियाँ यूँ ही दब जाती हैं। ईरानी सुन्दरी नूरजहाँ के बाद बेगमों की दखलन्दाज़ी मुगल सल्तनत में बढ़ गई। पर इसे औरतों के हालात का आईना न समझना। भारत की भूमि पर चाहे जिस तरफ़ से लोग आये अपनी छाप छोड़ी और चलते बने। या फिर ऐसे घुल गये कार्य जैसे दूध में चीनी परंतु यह जमात अपने रंग में रंगने में कामयाब रही। अपने ढंग पर थोड़ा स्थानीय मुलम्मा चढ़ाया और देसी होने का भ्रम पलने दिया।

बुरके की जगह औरतों ने सर पर आँचल रखना, चेहरा ढँकना सीख लिया। पूजा यज्ञ हवन के समय पुरुषों ने माथा ढँकना सीख लिया। अब यह प्रस्तर खंड यानी मैं चँवरवाहिनी यक्षिणी बाहर आना चाहती हूँ। कितनी बदली है दुनिया। वस्त्रों के कितने तरीके हो गये हैं। काषाय वस्त्र, शुभ्र वस्त्र, चूनर, धोती, बुरका पहनी औरतों को देखना चाहती हूँ। मालूम है कि इतिहास में एक हज़ार साल, दो हज़ार साल का क्या महत्त्व? वह तो काल का एक नन्हा सा अंश है। भूगोल के लिए वह बिन्दुमात्र भी नहीं। भूगोल ने जिस गंगा को धरती पर उतारा उसके कटाव में मैं भूलुंठित हुई अब यही मुझे उबारेगी।

नूरजहाँ के कठोर शासन के बाद महान प्रेमी कहा जाने वाला शहंशाह शाहजहाँ आया। सुना उसने अपनी बेगम मुमताज की याद में ताजमहल बनवा दिया है। कैसा प्यार था जानलेवा कि तेरहवें बच्चे के जन्म के समय जान दे दी उसने। यौवन फूटा भी नहीं सन्तानवती होने लगी। प्रेम को उसने मात्र संभोग और प्रजनन से जाना। अब तक स्त्रियों की स्थिति पूर्णतया एक झोले की हो गई, बच्चा पैदा करने वाले झोले की। उसका सब कुछ पुरुषों के दाँव पर चढ़ चुका था।

हरम की तरह गाँव-गाँव में एक-एक पुरुष की कई-कई पत्नियाँ होतीं जो उसके पशुधन की तरह सम्पन्न होने की प्रतीक होतीं। उतना होते हुए भी नर्तकी, गायिका, रक्कासा बखूबी आबाद थीं। सुना कि औरंगज़ेब ने संगीत नृत्य रोक दिया था। युद्ध और युद्ध। युद्ध में युद्धक्षेत्र में हरम साथ चलता, बेगमें रक्कासायें साथ रहतीं। पर शहंशाह ने वह बन्द करवा दिया। इस समय दक्षिण और उत्तर भारत के खूब ज़ोरदार संबंध बन गये। दोनों ने एक-दूसरे

की सभ्यता को अक्षुण्ण रखते हुए कुछ तो एक करते। सो रहने का तौर तरीका एक सा होना ही था। सुना—औरतों की चारदीवारी अधिक ऊँची हो गई। सुना कि वनवासिनियों के एक वस्त्रा होते हुए भी उनपर हाथ डालना सहज नहीं था। वे अपनी हँसिया ज़रूर धारदार रखतीं। खेत में काम करने वाली की स्थिति वही थी। उन्हें फुसलाया जा सकता था बरजोरी करना कभी संभव नहीं था। भारतीय स्त्री की सच्ची प्रतीक, निश्छल, आक्रामक, स्थिर। चारदीवारी में बंद औरतें बेबस बेसहारा एक पुरुष की सेज को तरसतीं। चारदीवारी के अंदर की घुटन और बेबसी ने इस कदर कुंठित कर दिया कि वे अजीबोगरीब साजिशें रचने लगीं, स्वयं भी साजिश की शिकार होने लगीं। उनके छलिया पुरुषों को यही तो चाहिए था, उनके भावों का दोहन, अपनी ऐश। इस क्षरण का नतीजा पुनः सामने था। वह समय बहुत निर्मम था जब शहंशाह अपनी बेटियों की शादी नहीं करते। बेटियों की शादी करेंगे तो दामाद के सामने छोटे पड़ जायेंगे। शहजादी होना भीषण अपराध था। चारदीवारी में बैठी वे शोकगीत रचती रहतीं। पुरुष के हरम और स्त्री को एक साथी तक नहीं। सामाजिक असंतोष के कारण देश छिन्न-भिन्न हो चला था। यूरोप की सबसे शातिर कौम अंग्रेज़ों ने आकर डेरा जमा लिया। वे सुल्तान बन बैठे। अंग्रेज़ों के आने से शुरुआती दौर में कुछ खुशनुमा बयार का आगाज़ हुआ। बंगाल तथा महाराष्ट्र में जागरण हुआ। शिक्षा का केन्द्र बन गया। स्त्री शिक्षा की अब शुरुआत हो गयी।

एक साम्राज्य का अंत हो गया था। भारत देश पूरी तौर पर अंग्रेज़ों का गुलाम था। निर्मम अंग्रेज़ हावी हो गये थे। छोटी-छोटी रियासतों को अपने कब्ज़े में लेने को बेताब अंग्रेज़ों के सारे देशी दुश्मन संगठित होने लगे। झांसी की महारानी लक्ष्मीबाई के विषय में सुना था कि वे तलवार लेकर मैदानेजंग में कूद पड़ीं। साड़ी का कछौटा बाँध, पुत्र को पीठ पर बैठा युद्ध कर रही थीं। उनके साथ स्त्रियों की सेना थी। उनके पुत्र को लेकर झलकारी बाई ही युद्धक्षेत्र से निकली थी। यह सच है कि रानी लक्ष्मीबाई एक सर्वप्रभुता सम्पन्न देश

यक्षिणी

को कब्ज़ा कर चुके अंग्रेज़ों से जीत न सकीं। गढ़ा की रानी दुर्गावती भी तो शहंशाह अकबर से नहीं जीत सकीं। परंतु जान अपनी है उसे लड़-लड़कर देना अपने हाथों में है। इस स्वतंत्रता संग्राम ने बहुत स्त्रियों को जगा दिया। अंग्रेज़ों की भाषा पढ़-सीख कर उसी के खात्मे का विषय दुहराया जा रहा था। उस वक्त क्रांति हुई। यह हमने सदियों से देखा है, ऐसे ही राज-पाट बदलते हैं। पर सुन रही हूँ, एक जागरण हो गया है। जब कई सभ्यतायें, संस्कृतियाँ, भाषायें, रीति-रिवाज, शिक्षा एक जगह होती हैं, इससे उनमें संघर्ष होता है। उससे नया कुछ तो निकलता है। विध्वंस के बाद नवनिर्माण, अन्धकार के बाद प्रकाश। अनायास स्त्रियों के हज़ारों वर्ष के घटाटोप के बाद उज्ज्वल सबेरा देखने का समय आ गया। जंगल से नगर तक नवोन्मेष हुआ।

गंगा की धारा सिमटती, सिसकती उत्तर दक्षिण होती रही। मेरी प्रबल पीठ अब सूरज की साक्षात किरणों से नहा उठी। स्थानीय धोबी प्रस्तर खंड पर कपड़े धोने लगे। स्त्रियाँ बैठकर मलमल कर नहातीं। सूर्य किरणों से चमकते मेरे आलेपन में दर्पण सरीखी पारदर्शिता थी। स्त्रियाँ अपना चेहरा देखतीं और इस प्रस्तर खंड के विषय में बातें करतीं। ऐसा तो कहीं नहीं देखा? आईने से अधिक साफ़ चेहरा यहाँ दीखता। कहाँ का पत्थर है? सौ सालों से इस पर सोडे से सना वस्त्र धो रहे हैं हम। जैसे का तैसा है। मुझे यानी चंवरवाहिनी को लगता कि शायद अब कोई मुझे इस बलुआ दलदल से निकालेगा। हज़ारों सालों से अंधकार के गहन दलदल में फँसी स्त्रियों का उद्धार हो गया मेरा नहीं होगा? शायद समय निकट आ गया है कि मैं भी आधुनिक नारी की तरह चमकती सूर्य किरणों के उज्ज्वल प्रकाश में अपने अंग के बंद खोलूँ। दीपित शिखा को अपने आलेपन पर धारण करूँ, कइयों की मुकुर बन जाऊँ। कहीं तो ठौर पाऊँ।

एक दिन भरी दुपहरी में कुछ बच्चे मेरी पीठ पर खेल रहे थे कि जल में फिसल गये। किनारे का घाट का जल अधिक नहीं था। मेरी मूर्ति सहारा हुई। बच्चे ने पानी के अंदर टटोला और चीखा—"अरे यहाँ पत्थर की मूरत है। देखो मुँह और हाथ हैं।" कुछ बड़े बच्चे कूद पड़े। टटोलकर देखा। अब कई दर्जन बच्चे और मल्लाह, धोबी, किसान जुट गये। बालू

हटाते ही मेरी प्रलंब देहयष्टि उद्घाटित हो गई। मुझे सम्पूर्ण बाहर निकाला। कानोंकान खबर जिलाधिकारी स्पूनर तक पहुँच गई। मैं पुनः राज्याश्रयी हुई। पर हाय, मैं जो हज़ारों वर्षों की उपेक्षित यक्षिणी मिली भी तो खंडिता। मेरी बाँहों में से एक टूटकर न जाने किस अतल में खो गई। मुझे देखकर लोगों के होश उड़ गये। इतनी विशाल मूर्ति और इतनी सुन्दरता? मैं सुनती तथा अपने शिल्पी को याद करती। आह एक भंगुर व्यक्ति ने कैसे मुझ जैसी अमर कृति को संभव किया। क्या मेरे साथ मेरे शिल्पी, मेरे साथ मेरी मौर्य संगति, कला कौशल नहीं अमर है?

एक अन्य भवन में मुझे रखा गया। यह ईंट पत्थरों का बना हुआ भवन था। उसमें मेरी तरह की कई मूरतें रखी गईं। परंतु मेरे पास मधुमक्खियों की तरह लोग मंडराते रहते। पाटलिपुत्र का शासन योरोपियन के हाथों में है। कहाँ हैं महामात्य चाणक्य, सम्राट चन्द्रगुप्त, बिन्दुसार? कहाँ है पुण्यमित्र शुंग जिन्होंने चारण बनाकर रखा था इन्हें। अब तो यह ही सम्राट हैं। मेरे पास देर तक विस्फारित नयनों वाली लंबे चोंगे, लहंगे सी लहराती स्त्रियाँ आतीं। सभी योरोपियन। क्या कोई भारतीय स्त्री नहीं है? नगर स्त्रीविहीन है? इससे अच्छा तो मैं गंगा के बालू में थी, कम से कम दीदारगंज की बेटियाँ, बहुएँ तो आतीं, कभी पूजन करने, कभी स्नान करने। मैं तरस गई हूँ उन्हें देखे बिना। एक दिन बेगमें आई सर से पाँव तक ढँकी-छुपी। चेहरे पर से परदा उठाया तो मुझे अपनी महीयसी महारानियों की याद आ गई। सुन्दर सुगढ़ चेहरा और काले घनेरे केश, काली-काली आँखें और शरबती होंठ। पर इन्होंने इतने कपड़े क्यों पहन रखे हैं? मैं उन्हें देख आश्चर्यचकित थी और वे मुझे देख सकुचा, शर्मा रही थीं। वे मेरे वस्त्र विन्यास पर हँस रही थीं। चाहे जो हो उनकी उपस्थिति मुझे भा रही थी। उनकी देहगंध मुझे पसंद थी। अंग्रेज़ औरतें मेरे साथ खड़ी होकर तस्वीर लेतीं।

सफ़ेद-सफ़ेद किनारे वाली खादी की साड़ी पहने स्त्रियाँ भारत माता की जय कहती हुई भवन के चारों ओर फिर कर घास पर बैठ जातीं। मैं बड़े जंगले से उन्हें देखती। ये तो हमारी देसी स्त्रियाँ हैं, जो खादी की साड़ी

पहनकर कुछ बातें कर रही हैं। इनके चेहरों पर चमक है। इन्होंने परदा नहीं किया है। इनकी बातें मैं बिल्कुल न सुन पाती। पर ये गाना गाती गुज़रतीं। हाथ में झंडा रहता। झंडा नीचे हरा ऊपर केसरिया और बीच में सफ़ेद था। उस पर नीले रंग के चर्खे का निशान होता। ये स्कूल-कॉलेज में पढ़तीं या न पढ़तीं पर जागरूक तो थीं। सुना बंगाली थीं। स्त्रियाँ सीधे-सीधे क्रांति में साथ देने लगी थीं। पुलिस उनके पीछे थी। वे गिरफ़्तार होतीं, जेल जातीं। ऐसा तो कभी नहीं देखा। औरत मर्द साथ मिलकर नारा लगाते, साथ मिलकर रेलवे लाईन उखाड़ते। अपने कीमती वस्त्र जो विदेशी थे को ढेर बना कर जलाया गया। मेरी पलकें स्थिर हैं पर आभास होता है कि मैं झिपझिपा रही हूँ। क्या गाँव क्या शहर अंग्रेज़ी कहर के सामने डट कर लड़ रही थीं। उनके पति, भाई, पिता, पुत्र ने आन्दोलन करने को छूट दी। अब मात्र संतान पैदा करना स्त्री का कार्य नहीं रहा। एक दिन ऐसा आया कि देश से सारे योरोपियन चले गये। परन्तु न तो मौर्य राजाओं जैसा, न गुप्त राजाओं जैसा साम्राज्य रहा। आसमुद्र हिमाचल रहा पर दो तरफ दो डैने मानो कट गये। भाइयों की तरह देश का बँटवारा हो गया। अपने देश का संविधान बना जिसमें अब फिर सम्पूर्ण अधिकार के साथ स्त्री रही। वह जनतंत्र की प्रहरी बन सकती, वह अंतरिक्ष में जा सकती, वह चाहे तो अकेली रह सकती। वह चाहे तो विवाह बंधन में बंध सकती। संविधान ने बहुत सारे अधिकार दे रखे हैं, स्त्रियाँ समझदार हों तो सब संभव था। इस अजायबघर या जादूघर या म्यूज़ियम के परिसर में लड़के-लड़कियों को स्वेच्छा से मिलते-जुलते देख रही थी, झुंड आकर माता-बहनों की उपस्थिति में विवाह तय करते।

मेरे रूप-स्वरूप को देखने, रचना को सराहने मुझे पढ़ने, मेरी अनुकृति गढ़ने लड़कियां आतीं। मुझे बहुत गर्व होता। खेल खिलाड़ी, कलाकार शिल्पकार स्त्री देख गर्वित रही। राजनीतिक उच्चता प्राप्त स्त्री की कृत्या हो गई थी, मैं बहुत दुःखी थी मन ही मन। उनके पत्र में ही सत्ता संभाल चली थी। उनके मन में आया, क्यों न सांस्कृतिक आदान-प्रदान के लिए महोत्सव की परिकल्पना की जाय। सुना अमेरिका में भारत महोत्सव हो रहा है। कई कलाकृतियों के साथ मुझे भी सुरक्षित बक्से में बंदकर समुद्र मार्ग से अमरीका भेजा गया।

वैसे मेरी कई अनुकृतियाँ थीं पर मूल रूप को ही भेजा गया। महासागर की थकाऊ, ऊबाऊ यात्रा तय करके आना-जाना हुआ। ज़ाहिर है मेरे रूप-स्वरूप को देख अमरीकी चकित थे। पर मेरे कपोल पर एक निशान पड़ गया। खंडिता मैं एक बार पुनः पीड़िता हो गई।

अपने पाटलिपुत्र में जनतंत्र के कारण तरह-तरह के निज़ाम बदले। कोई मुझ पर गर्व करता कोई उदासीन रहता। अंतिम रूप से एक बार फिर मेरा आसन बदल रहा था, मैं बिल्कुल जाना नहीं चाह रही थी। कहाँ इस सौध का वृक्षाच्छादित वातावरण, आत्मीय अनगढ़ दर्शक। कहाँ सैंकड़ों वृक्षों की बलि चढ़ाकर बनाया गया आधुनिक भव्य संग्रहालय। यहाँ छात्र से लेकर सर्वोच्च राजनेता, कलाविद आते पर बेहद सीमित। मैंने कहाँ आना चाहा था यहाँ, मैं तो बेहद दुःखी हूँ। कहा भी—

कब तक जीत का जश्न मनाते रहोगे राजन!
कब तक चाहिए मुझ सा तोहफा
किसी राजा ने नहीं रचा था मुझे
न किसी ब्रह्मा ने
उकेरा था शिल्पी ने छेनी हथौड़ों से
मिलाया था उसमें अपना वजूद
वार कर अपना रक्त मज्जा सत्व
निछावर किये थे दिन महीने साल
घर बैठी प्रतीक्षित भामिनी का
रूप रस बना ओप
अब तक बचा रखा
तुमने क्या किया है
घाट से लाये पाट पर
महल से अटारी तक

अब बस करो प्रभु
मैं थक गई हूँ
कब तक सँभालूँ
निहत्थी औरत हूँ
ठीक से होने दो खड़ी
देखने दो विहंगम
यही रहूँगी राजन
हमारा शिल्पी यही है
समय!!

अब पुनः सब कुछ मुट्ठी में है। दिक्काल से समकाल तक स्त्रियाँ सर्वतोभावने समर्थ होने पर भी शरीर से हार नहीं जातीं? घोषा आज भी हो गईं, हो गई अपाला, परंतु सामने खड़े पुरुष घोषा के भाई की मानिंद नहीं है? अकेली उदास खड़ी मैं एक बलुआ प्रस्तर खंड, कामना करती हूँ कि ज्ञान-विज्ञान इतनी शक्ति दे, पूर्व वैदिक काल की ओर बढ़ चले सभी सम्पूर्ण स्वच्छन्दता की ओर। पाप-पुण्य से परे एक स्वस्थ समाज की ओर।

परिशिष्ट

जब-जब देश पर संकट के बादल घनेरे हुए, स्त्रियों ने सार्थक भूमिका निभाई। यूँ ही नहीं *देवी भागवत* रचा गया होगा। मातृशक्ति ने वीरांगना का चोला पहना, तलवार, बंदूक और कलम-कूँची से प्रतिकार किया। सन 1857 के स्वतंत्रता संग्राम में रानी लक्ष्मीबाई और बेगम हजरत महल को इतिहास कभी भूल नहीं सकता। उनके साथ पूरी नारी सेना थी जिसमें अधिकांश दलित वीरांगनाएँ थीं। सराय और ढाबा चलाने वाली स्त्रियाँ थीं, कलावंत तवायफें थीं। मदद का तरीका अलग-अलग था। सूचनाएँ पहुँचाने का काम, धन देने का काम इसमें प्रमुख था। पर हमारे देश में सदा राजनीति समाज का मुँह जोहती रही है। अतः पितृसत्तात्मक समाज में किसे पड़ी थी इनका नाम लें। नवाब वाजिद अली शाह को जब अंग्रेज़ों ने गद्दी से उतार कर कोलकाता भेज दिया तब बेगम हजरत महल ने स्वतंत्रता-संग्राम की बागडोर सँभाली। बेगमाते अवध ने जमकर मुकाबला किया। जब वाजिद अली शाह को कलकत्ता की ओर भेजा जा रहा था तो उन्होंने लिखा था—

घरों पर तबाही पड़ी सहर में
खुदे मेरे बाज़ार हजरत महल
तू ही बाइसे ऐशो आराम है
गरीबों की गमख्वार हजरत महल

जब लगा कि वे नहीं जीत पाएँगी तो नेपाल चली गईं। 1879 में उनकी मृत्यु हो गई। कहा गया—लिखा होगा हजरत महल की कब्र पर नसीबों की

जली थी। फलक की सताई बेगम के संघर्ष की कहानी लोकगीतों में बयाँ है।

झाँसी की रानी

बुंदेलखंड के लोकगीतों और कथाओं में सदा जीवित हैं लक्ष्मीबाई। वे अंग्रेज़ों से लड़ते हुए 17 जून 1858 को शहीद हो गईं।

झलकारी

उनकी वीरांगना सेना थी जिसमें झलकारी बाई दुर्गा सेना की प्रमुख थीं। वे तलवारबाज़ी में माहिर थी। अंग्रेज़ों को धोखा देने के लिए वे लक्ष्मीबाई सरीखे वस्त्र पहन कर लड़ रही थीं। अंग्रेज़ों ने रानी समझ उन्हें गिरफ़्तार कर लिया था। उनके साथ सुंदर बाई, मुंदर बाई, काशी बाई, मोती बाई वगैरह थीं। इन औरतों को वैधव्य का इंतज़ार करते घर में बैठना गवारा न था। वे गातीं—

चूड़ी फोड़वाई के नेवता
सेनुर पोछ्वाई के नेवता

अदा देवी नामक महिला एक घने पेड़ पर चढ़कर गोलीबारी करती रहीं। वे पासी जाति की थीं। अवध के नवाबों के यहाँ अफ्रीकन स्त्रियाँ थीं। वे भी बेगम की तरफ से लड़ी थीं। लोकगीत हैं—

कोई उनको हब्सिन कहता, कोई कहता नीच अछूत
अबला कोई उन्हें बुलाये, कोई कहे उन्हें मजबूत।

अजीजन बाई

यह एक निर्भीक तवायफ़ की मिसाल थीं। अजीजन बाई नाना साहेब से प्रभावित होकर संग्राम में कूद पड़ीं। वे लक्ष्मीबाई की तरह पुरुषोचित वस्त्र पहनतीं, सदा बंदूक साथ रखतीं। घोड़े की सवारी करतीं।

अंग्रेज़ों ने कई स्त्रियों को फाँसी पर लटका दिया तथा कइयों को ज़िंदा जला दिया।

सावित्री बाई फुले

सावित्री बाई फुले

स्त्रियों के लिए शिक्षा का संस्कार लेकर आई प्रथम महिला 3 जनवरी 1831 को जन्मी और समाज सुधार के पुरोधा ज्योतिराव फुले की पत्नी बनीं। अनेक सामाजिक विरोधों को सहकर बालिका विद्यालय खोला। शिक्षा से जागरण और दृष्टि सम्पन्ना आई। तभी इनकी आँखें खुलीं और व्यापक रूप से महिलाओं ने 1857 के संग्राम में बढ़-चढ़ कर भाग लिया।

आदिवासी कन्या फूल और झानो

संथाल परगना में सिद्धो कानो चाँद भैरव थे ब्रिटिश सरकार के विरुद्ध इन लोगों ने विद्रोह कर दिया था। कारण था कि स्वतंत्र व्यापारी वनोपज का दोहन करते और बहन-बेटियों पर बुरी नज़र रखते। पहले पहाड़िया जनजाति के खदेड़ने के कारण संथालों को अंग्रेज़ों ने प्रोत्साहित किया बाद में उन्हें ही धता बता दिया। पर संथाल जग चुके थे। उन्होंने विद्रोह कर दिया। तीर, भाला तथा कुल्हाड़े से लैस होकर आ गये। सिद्धो कानो पकड़े गये उन्हें सरेआम फाँसी पर चढ़ा दिया गया। उनकी दो बहनें फूल और झानो ने अपनी सहेलियों संग शिविर में जाकर कुल्हाड़े से कत्ले आम मचा दिया। 23 सिपाही मारे गये। फूल और झानो मार डाली गईं। परंतु रोहतासगढ़ तक यह विद्रोह चलता रहा। सिंगी दाई और कैली दाई पुरुषोचित कपड़े पहन संहार करती रहीं। अनपढ़ स्त्रियाँ आगे आईं।

विदित है कि 1857 का विद्रोह दबा दिया गया। पर यह आग बुझी नहीं। भीतर-भीतर सुलग रही थी और बहुत भयानक मोड़ लेने वाली थी।

शान्ति घोष

देवेन्द्र नाथ घोष की पुत्री शांति घोष का जन्म कोलकाता में हुआ था। वह आठवीं कक्षा में पढ़ती थी। अपनी सहपाठी सुनीति चौधरी के साथ मिलकर उसने त्रिपुरा के कलेक्टर सी.जी.वी. स्टीवेन को उनके बंगले पर जाकर गोली मार दी। ये दोनों संसार की सबसे कम आयु की क्रांतिकारी थीं। उन्हें आजीवन काला-पानी दिया गया। सबसे बुरी खबर थी कि

तत्कालीन कांग्रेसी जनों के सरताज महात्मा गाँधी और सरदार पटेल ने उन लड़कियों के इस क्रांतिकारी कार्य को जघन्य कहा। कांग्रेस पार्टी सदा से कनफ्यूज़ रही है।

मातंगिनी हाजरा

एक गरीब विधवा थीं जिन्होंने 1932 में गाँधीजी के साथ आन्दोलन करना शुरू किया। 1942 के भारत छोड़ो आंदोलन में पुलिस की गोली से मारी गईं।

प्रीतिलता दावेदार

चटगाँव बम केस को सूर्यसेन के साथ मिलकर अंजाम दिया था। भागते समय उसे पुलिस की गोली लग गई। पर उसने अपने साथ रखा पोटाशियम साइनाइड खा लिया और मर गई।

सुहासिनी गांगुली

क्रांतिकारियों को आश्रय देतीं तथा उन्हें सब कुछ मुहय्या करातीं। जेलों में रहतीं पर निकलते ही अपनी गतिविधि तेज़ कर देतीं।

सरोजिनी नायडू

सरोजिनी नायडू का जन्म 13 फरवरी 1879 को हैदराबाद में हुआ। उनका जन्म अघोरनाथ चटोपाध्याय और वरदासुन्दरी की कोख से हुआ। सरोजिनी नायडू की चर्चा थी कि वे 12 वर्ष की अवस्था में स्कूल पास कर गयी थीं। वे कांग्रेस की सर्वश्रेष्ठ नेत्री थीं। विशिष्ट कवि थीं सो उन्हें भारत कोकिला के नाम से भी जाना जाता था। 13 वर्ष की आयु में 'लेडी ऑफ द लेफ़' नामक कविता लिखी। 1885 में उच्च शिक्षा प्राप्त करने वे इंगलैंड गईं तब भी वे कविताएँ लिखती रहीं। *गोल्डेन थ्रैशहोल्ड* उनका पहला कविता संग्रह है। *टाइम ऑफ़ ए ब्रोकन विंग* ने उन्हें प्रसिद्धि के शिखर पर पहुँचा दिया। अपनी मातृभूमि को सम्बोधित करते हुए लिखा—

> *"श्रम करते हैं हम कि*
> *समुद्र हो तुम्हारी जागृति का क्षण*

हो चुका जागरण
अब देखो दिन कितना उज्ज्वल।''

पर तुरंत ही वो अपनी परंपरा की ओर लौटती हैं। चूड़ीवाली पर कविता है—

चूड़ीहारिन
चूड़ीहारिन हैं हम
अपने चमकीले यार को लेकर चलीं
मंदिर के मेले में
कौन खरीदेगा ये नाज़ुक, चमकदार
इन्द्रधनुषी प्रकाश वृत्त
दीप्तिमान जीवन के उज्ज्वल प्रतीक
खुशहाल बेटियों और सुखी बीवियों के लिए
कुछ खास है कुँआरी कलाइयों के लिए
रूपहली नीली जैसे पर्वतीय धुंध
कुछ सपने देखती कलियों सी लालिमा लिए हुए
वन में बहती धारा के शांत ललाट पर
कुछ दमकते उस प्रकाश से
जो नये कोंपल की सौम्य शोभा को तोड़ती है।

यह एक लम्बी कविता है जहाँ एक नारी मन झलकता है। सरोजिनी नायडू ब्रह्मसमाजी बंगाली पंडित की पुत्री थीं, स्वतंत्रता आंदोलन की अगली पंक्ति की नेत्री थीं, पर उनका मन स्त्री की कोमल भावना तंतु से स्पन्दित था।

सरोजनी स्वयं स्त्रियोचित शृंगार से युक्त थीं, काजल-बिन्दी, मोतियों की माला। यह पूर्ण संकेत था कि स्त्रियोचित रूप संघर्ष को भोकस नहीं करता। स्त्री का रूप बाधा नहीं है। सरोजिनी नाायडू ने प्रेम विवाह किया था। आज़ादी के बाद, प्रथम राज्यपाल बनीं वह भी उत्तर प्रदेश जैसे विशाल राज्य की। वहीं इलाहाबाद में 1949 में उनका निधन हो गया।

कमला देवी चटोपाध्याय

कमला देवी चटोपाध्याय सन् 1903 में जन्मी थीं। वे 14 वर्ष की आयु में विधवा हो गई थीं। उन्होंने उच्च शिक्षा प्राप्त की तथा स्वतंत्रता संग्राम में शामिल हो गईं। यह समय स्त्रियों को अपने आप को मुक्त करने का था। कमला ने सारे वे कार्य किये जो उस समय की कुलीन लड़कियों के लिए वर्जित थे। उन्होंने मंच पर नाटक किये। गूक फ़िल्मों में अभिनय किया। आगे चलकर अपने साथी अभिनेता कवि हरींद्रनाथ चटोपाध्याय से विवाह कर लिया। दोनों ने कई फ़िल्में साथ कीं। आगे चलकर वैचारिक विभेद के कारण अलग भी हो गये।

कमला देवी का सबसे बड़ा कार्य था महिलाओं को आर्थिक आधार देना। वह भी घर–घर जाकर। मिथिला की स्त्रियों के अंदर अपनी कला संजोने, उसे जीवनयापन का साधन बनाने का कौशल सुझाया। कमला देवी की कृपा से सुजनी, सीकी, कढ़ाई, बुनाई तथा अन्य कौशल उजागर हुए। लगातार वे काम करती रही थीं। सब कुछ संग्रह करने के पीछे यह अन्तर्धारा थी कि स्त्रियाँ पढ़ें–लिखें, कला–कौशल द्वारा आत्मनिर्भर हों। यह कार्य उन्होंने इतनी दक्षता से किया कि देश आज़ाद होने के बाद उन्हें इस तरह की संस्थाओं को स्थापित करने का प्रभार दिया, जिससे हस्तशिल्प को परवाज मिले।

सन् 1988 में 85 वर्ष की अवस्था में गुज़रने के पहले उन्होंने भारतीय स्त्रियों का उत्कर्ष देख लिया था।

सरोजिनी नायडू तथा कमला देवी सरीखी स्त्रियों ने भारत की स्त्रियों को बेहद आत्मविश्वास से भर दिया।

दुर्गाबाई देशमुख

दुर्गाबाई देशमुख 1909 में राजमुंद्री में मध्यम वर्ग के परिवार में जन्मी थीं। उनकी माता कांग्रेस पार्टी की सचिव थीं। परंतु दुर्गाबाई स्कूल न जा सकीं घर में ही शुरुआती पढ़ाई की। पर आगे मद्रास विश्वविद्यालय से पढ़ाई की। आगे जाकर उन्होंने एक बालिका विद्यालय खोला जिसको देखकर गाँधीजी ने बहुत प्रशंसा की। दुर्गाबाई खादी आंदोलन तथा हिन्दी शिक्षण कार्यक्रम से

जुड़ी थीं। तीन बार उन्हें जेल ले जाया गया। दुर्गाबाई ने वकालत पढ़ी और 1942 से वकालत करने लगीं। भारत में पहली महिला वकील थीं जिन्होंने कत्ल का केस लड़ा। महिलाओं को नई भूमिका की ओर आकृष्ट करने में इनका अप्रतिम योगदान रहा।

अरुणा आसफ़ अली

अरुणा गांगुली बंगाली परिवार की शिक्षित कन्या थीं। वे स्वतंत्रता संग्राम में पुरुषों से कदम मिला कर चलीं। 25 साल की उम्र में अपने से 23 साल बड़े नेता आसफ़ अली से विवाह किया। नमक सत्याग्रह के दौरान अरुणा खासी सक्रिय थीं। उन्हें जेल में अधिक रहना पड़ा। जनांदोलन कर के ही उन्हें छुड़ाया जाता। अंग्रेज़ उनसे डरते थे। अरुणा ने सोशलिस्ट पार्टी बनाई। बाद में वे ट्रेड यूनियन की उपाध्यक्षा बनीं। अरुणा एक सच्ची भारतीय संघर्षशील स्त्री थीं। 1996 में इनका निधन हो गया। इन्हें 1998 में भारत रत्न से नवाज़ा गया।

प्रभावती

महात्मा गांधी को चम्पारण लाने वाले यशस्वी वकील बाबू ब्रजकिशोर प्रसाद की पुत्री और जयप्रकाश नारायण की पत्नी प्रभावती के कारण बिहार में महिलाओं में आत्मसम्मान और आत्मनिर्भरता आई। उन्होंने महात्मा गाँधी और कस्तूरबा की बेटी की तरह उनके साथ रहकर सेवा की। स्वतंत्रता आंदोलन में डटकर भाग लिया तथा स्त्रियों को स्वरोज़गार देने के लिए गाँधी जी के कहने के बाद पटना में महिला चर्खा समिति की स्थापना की जो आज भी चल रही है। प्रभावती जी कुशल संगठनकर्त्ता थीं। वे अत्यंत सेवाभावी स्त्री थीं। नारी अस्मिता की उदाहरण।

इंदिरा गाँधी

स्वतंत्रता संग्राम के वक्त भारत के सबसे यशस्वी परिवार में जन्म लेकर भी अपने को साबित करने की जद्दोजहद में लगी रहीं। बचपन में ही माँ यक्ष्मा की रोगी हो गई। पिता अक्सर या तो आंदोलन करते या जेल में होते। माता के निधन के बाद शादी की। दो बेटे होने के बाद पति से नाता

इंदिरा गाँधी

टूट गया। पिता के साथ रहती इंदिरा कांग्रेस की संकट मोचक थीं। केरल, कर्नाटक या मद्रास में राजनीतिक उठापटक कहो या भाषाई झगड़ा, ये झोंक दी जातीं। पिता, प्रधानमंत्री जवाहरलाल नेहरू के निधन के बाद लालबहादुर शास्त्री को प्रधानमंत्री बनाया गया। इंदिरा उनके कंधे से कंधा मिला कर कार्य करती रहीं। शास्त्री जी के निधन के बाद इनकी असली परीक्षा शुरू हुई। कांग्रेस दो फाड़ हो गई। एक भाग ने इन्हें नेता चुन लिया। इनकी पूरी खिंचाई होती परंतु अगले आम चुनाव में जनता ने इन्हें बहुमत से चुन लिया। तभी पूर्वी और पश्चिमी पाकिस्तान में ठन गई। इन्होंने हस्तक्षेप किया। एक देश बांग्लादेश आकार में आया। इंदिरा उस समय चंडी हो गई। परंतु तुरंत ही देश में भ्रष्टाचार के नाम पर आंदोलन शुरू हो गया और ये चुनाव हार कर अपदस्थ हो गईं। इंदिरा की सूझबूझ से 2 साल में ही पुनः चुनाव हो गये और इनकी वापसी हो गई। इंदिरा गाँधी को अकाली आंदोलन ने, बेटे की मौत ने तोड़ दिया पर वे मोर्चे पर डटी रहीं। गाँधी की तरह ये भी अपने लोगों की गोलियों से मारी गईं।

इंदिरा तक आते-आते भारत की स्त्रियाँ पूरे आकार में तन कर खड़ी हो गईं। समय छेनी है जो शिल्पी की भूमिका में आकर सबका आकार दुरुस्त करता है।

❑❑❑